普魯斯特先生

Monsieur Proust

貼身女管家的口述回憶

賽萊斯特・阿爾巴雷Céleste Albaret／著

喬治・貝勒蒙 Georges Belmont／記錄

史戴凡・馬內 Stéphane Manel／繪

柯琳娜・梅耶 Corinne Maier／編整

嚴慧瑩／譯

〔法國文豪普魯斯特逝世百年・經典插畫紀念版〕

譯者的話

普魯斯特在法國文學史上的地位極為崇高，只要出版任何關於他的研究，必然引起文評界、媒體、讀者的高度關注。在數不清的普魯斯特作品與生平介紹、研究、考證書籍之間，出現了一本很不一樣的書，引起極大注意，就是這本《普魯斯特先生》。

這本書的作者是賽萊斯特（Céleste Albaret），1913至1922年身任普魯斯特的貼身女管家，在遲暮之年（1973年，她82歲）決定出版這本懷念普魯斯特的回憶錄。前幾年Robert Laffont出版社重新出版上市這本書，這些年來仍然成為一本重要書籍，提供許多寶貴的考證資料，對作家貼身相處的生活小事也引起普魯斯特迷蒐藏，不停再版、推出口袋版。此外，Céleste出版這本書的原因也十分感人，她在作家辭世半個世紀之間一直拒絕記者採訪，也從未發表對主人任何生活細節，把媒體和出版社雙手奉上的錢往外推。但她在自知不久人世時，為了不讓這些片段帶入棺材，終於決定出版回憶錄，對主人的忠心和疼惜之情直到最後。

2022年普魯斯特過世百周年紀念，Robert Laffont出版社將Céleste這本回憶錄改編成插畫版本，縮減太過瑣碎的細節，加上許多精美圖畫，成為一本現下流行的插畫書。從年輕管家如何被應聘、主人的品味、作息、上流社會的規矩、搬家、友誼與親情、健康狀況、直到辭世，按照年代順序，每一章節文字加上插畫（全書共十五章），清楚流暢，讀者能夠一章一章感受到普魯斯特對女管家由信賴發展為親情，他寫作的進度與遇到的障礙，也能憂心地發現他的健康如何一步步往下走。文字雖然不夠絢麗但質樸，描述粗枝大葉但真誠，具有強大渲染力。

首先要釐清的是本書完全沒有狗仔式的偷窺，沒有腥羶不可告人的秘辛，只是平平淡淡的生活小事與創作的掙扎，但因為是普魯斯特，平淡也成神祕，掙扎也叫人揪心。「反差」也是構成這本書的魅力之一，介於Céleste 和普魯斯特之間，不只是主僕，而是一整個時代的反差：鄉村女子／巴黎貴公子，鄉村老家的和樂／巴黎奧斯曼建築的冷酷，鄉下女子的活力／文人的纖細，鄉下人的節儉／上流社會揮金如土，女管家的韌性／作家的脆弱，經由Céleste的口中說來，這些反差不僅沒有造成階級差距或衝突，反而擴展了兩人觀看世界的眼光。對讀者來說，這些反差很有趣，很寫實。而Céleste樸實粗糙的句子對照普魯斯特綿悠輾轉的文字，也是一個很有意思的反差。這些反差滋生出很多感人的交換，如此不同的性格，完全沒有交集的世界，卻產生了美好的交集。

此外，本書的插畫非常雅緻，恰到好處，引導讀者進入十九世紀的氛圍，可謂畫龍點睛。

嚴慧瑩

獻給奧圖・盧斯・馬耶（Otto Lux Mayer）

——柯琳娜・梅耶（Corinne Mayer）

獻給露（Lou），蝶莎（Tessa）和拉茲婁（Laszlo）

——史戴凡・馬內（Stephane Manel）

Chapter 1

我看到一位高雅的紳士走進來

Je vois entrer un grand seigneur

賽萊斯特和歐狄龍

我叫做賽萊斯特（Céleste），本姓吉列斯特（Gineste），一九一三年三月二十七日與歐狄龍．阿爾巴雷（Odilon Albaret）結婚。歐狄龍是個和善的男子，長著一張好看的圓臉，蓄著當時流行的俏皮小鬍子。他經常到我堂哥家度假期，所以我認識他已經很久了。他大我十歲，我們經常通信，但見面的機會並不多。我對遠離家鄉、和他結婚的念頭並不熱切，我熱愛我母親、父親、我姊姊、兄弟們，何況，老實說我家人對歐狄龍的態度有點保留，顯然是因為他在巴黎工作，而在我們那個時代，家族成員大多不會分開。不過呢，我覺得待在家鄉歐希拉克村子（Auxillac）裡並沒有多大前途。總之，歐狄龍來提了親，我父母也接受了。

來到巴黎之前，我從來沒離開過位於洛澤爾省（Lozère）的歐希拉克小村。我初抵巴黎的那晚一整夜沒睡，還火冒三丈，因為我丈夫自己睡得可香了，根本沒人來關心我。一到巴黎，看見滿街飛煙，看到奔跑著招計程車的人群，我覺得自己完全迷失了。歐狄龍好不容易才招到一輛計程車。我那時二十二歲，真的什麼都不懂，就像個孩子一樣。

我心想，巴黎好臭啊！

我們到了住的地方，是在勒瓦盧瓦（Levallois）一棟嶄新建築裡的一間小公寓。歐狄龍花了好大功夫才找到這個住處，他跟我解釋，我們得住在離一間營業到愈晚愈好的咖啡廳附近才行，因為他最主要的那位客人有時候會打電話到咖啡廳留話，甚至晚上十點、十一點、或是午夜，要他開車過去載他。歐狄龍的工作主要是計程車司機，他想存錢買下一間商店或咖啡館。

這間小公寓很新，很乾淨，而且整理得很好，但我不知為什麼——想必是疲累、激動、環境改變——一進了門我就開始哭泣。我立刻開始想念家人，想念那可說是認識所有人的家鄉。

接下來的幾個星期，我不肯出門，也睡不著，歐狄龍不知該怎麼哄我開心，我難以適應這個新的生活。我什麼都不會做，連點瓦斯爐都不會，在我家鄉，煮飯是要燒柴火的。後來，是我嫂嫂教我怎麼替先生煮一頓好吃的飯菜，她也教會我採買這件重要的事，我都和她一起上菜場。

賽萊斯特！我們去告訴我主要的顧客我回來了。
TABAC

歐狄龍提議帶我去見他最主要的那位顧客，他說那位先生非常客氣，還寄來了婚禮祝賀。歐狄龍收到祝賀電報當下，正好全家人要一起出發前往教堂，他讀到這封賀電深受感動。歐狄龍說那位先生是個很好的客人，他在離開巴黎要去鄉下結婚前，曾向他報備會離開半個月，因這期間無法即時回應他的需要，充當他的司機。這是我第一次聽他說起那位先生。

「真吃驚！我知道這位先生是個絕佳的顧客，與眾不同，但我絕沒料到他會想到打這份電報給我，」歐狄龍跟我說。

TÉLÉGRAMME

Indications de service.

Timbre à date.

À DÉCHIRER

M Odilon Albaret
La Canourgue

Paris

toutes mes félicitations je ne vous écris pas plus longuement parceque j'ai pris la grippe et suis fatigué mais je fais des vœux de tout cœur pour votre bonheur et celui des vôtres

Marcel Proust

祝福我們結婚的電報。

我們前去豪斯曼大街102號。

我們爬著傭人樓梯上樓，直接進到廚房裡。廚房一片明亮，我記得裡面有一座很大的爐台，火燒得正旺。普魯斯特先生的貼身男僕尼古拉在廚房裡，正在泡咖啡，還有他太太賽琳娜，是貼身女僕。他們倆都很熱情，尤其是尼古拉，他們似乎很高興看到我先生回來了。我那時還不知道，這間廚房將成為我往後多年生活的地方。

普魯斯特先生來到廚房，那一幕深映在我眼前。他只簡單地穿著，下身是一條長褲，上身是白襯衫，並套著外套，卻立刻讓我肅然起敬，我看到一位高雅的紳士走進來。他樣子非常年輕，修長但不瘦削，皮膚細嫩，牙齒極為潔白。他額頭上垂落著一小綹頭髮，怎麼梳理永遠都不服貼，是自然垂下的。還有那絕佳的風雅，和一股奇特的內斂，我後來發現許多氣喘病患都有這樣的神態，似乎是要節省力氣和呼吸。因為普魯斯特先生的優雅遠近馳名，很多人誤以為他個子矮小，其實他身材和我一樣高，而我可不算矮個子，身高一米七二。

當時的我如此惶恐害羞，根本不敢正眼看他。

他在我身邊轉來轉去嗎？

我深深感覺到他在觀察我。

女士，我向您介紹
普魯斯特先生，
居家裝束，而且沒蓄鬍鬚

我結婚之時，怎能猜到這樁婚姻將會把我帶領到普魯斯特先生身旁？第一次見到他，已距今六十年，然而卻像昨日一般。他經常臥在床上對我說：

「等我死了，您會一直想著小馬塞爾，因為您永遠找不到像他一樣的人了。」

今日，我明白他說的沒錯，就像所有其他事一樣，他都說對了。我從未離開過他，從未停止想他，也把他當作榜樣。我夜裡睡不著的時候，就好像他正跟我叨叨絮語。當我碰到問題時，就會想：

「若是他在，會給我什麼忠告呢？」

我耳邊聽到他的聲音：

「親愛的賽萊斯特……」

我知道他要跟我說什麼。

普魯斯特先生的預感很強，我經常對他說：

「先生，您不但是個蠱惑者，還是個魔法師。」

聽到這話，他轉過來對著我，眼神深邃帶著審問，想看我的話是否真誠。

「賽萊斯特，您真的這麼想嗎？」

我想，其實他聽到這句話還是很開心的。

Chapter 2

一團煙霧之中

Au milieu d'un nuage de fumée

尼古拉把書一本一本包好，送給男性的用
藍色紙包，送給女性的用粉紅色紙包。

那應該是在十月底，有一天晚上，普魯斯特先生問起歐狄龍他新婚的太太可還習慣在此的生活。

歐狄龍回答：「不怎麼習慣呢，我也不知道會怎麼樣，但是她一點都不想踏出家門。我呢，要工作，您也知道是怎麼回事：吃飯時我不見得在，也不確定什麼時候回家。她啊，就不吃也不睡了。」

「阿爾巴雷，您妻子一定是想念母親，如此而已。」

普魯斯特先生出了個主意好讓我出門。他對歐狄龍說，他希望我把他剛出版的《斯萬家那邊》（*Du côté de chez Swann*）親筆簽名本捎去給他的朋友們，或許這能帶給我些許消遣。歐狄龍有點強迫地希望我接受這個提議，到最後，我說：

「好吧，我會去。」

歐狄龍跟我說：

「妳去了就知道，普魯斯特先生是個非常親切和藹的人。妳要當心別讓他不高興，因為他隨時在觀察一切，但是妳再也遇不到像他這麼和善的人了。」

於是我去拿那一大疊書，尼古拉把書都包好了，包裝非常精美，他真是個做事仔細的人。

要送出的書很多，我只記得其中幾個人名。

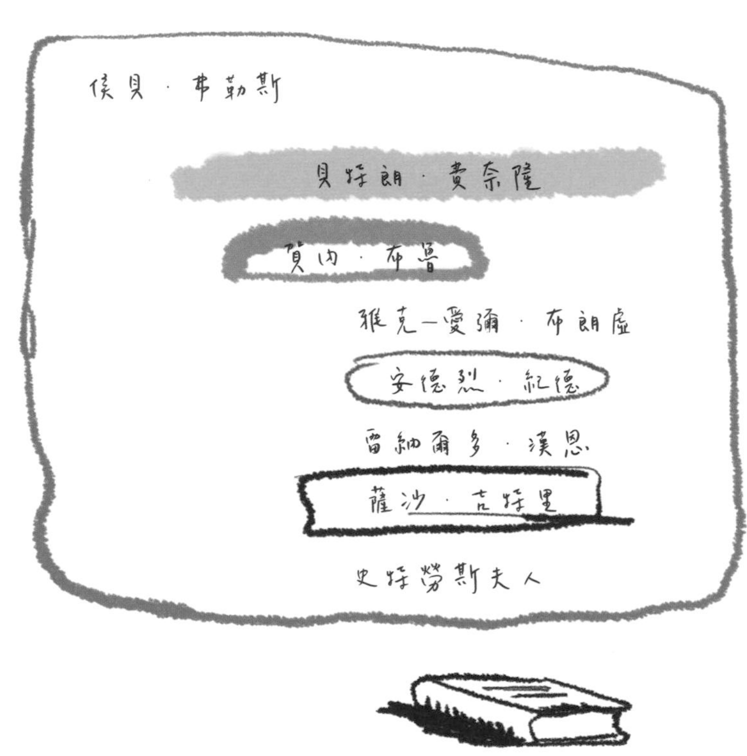

當然囉，我當時根本不知道那些人是誰。

於是我去分送那一大疊親筆簽名的書，我從我們住的勒瓦盧瓦搭公車過來，並不辛苦。

書都送完了，但普魯斯特先生要我繼續前來，於是我充當他的「信差」，如同他在書裡所寫的稱呼。整個過程和送書一樣：我一到，信籤已準備好，我出發去送，送完了再回來，尼古拉把跑腿費用付給我，我就返家或是到處逛逛。普魯斯特先生的書已在書店上架，引起很多迴響，但我完全在狀況外。

除了賽琳娜和尼古拉以外，我沒有任何朋友。普魯斯特先生的生活很奇特，住所裡是一個寂靜的世界，非常封閉。我並沒權力進去公寓，就待在廚房裡。就算我知道普魯斯特先生在家，也從來見不到他，但他就好似從公寓的那一端指引著我。

從此時開始，我每天前來普魯斯特先生家……

對於阿戈斯提奈利，
眾人編造了多少莫須有的故事啊！

有一天我遇到阿爾菲特·阿戈斯提奈利（Alfred Agostinelli），我只知道他以前是普魯斯特先生的司機，後來離開，跑去蔚藍海岸生活——他是摩納哥人。如今他帶著女朋友回來，但這一次是充當普魯斯特先生的秘書，幫他把手稿打成字。

我後來才知道，阿戈斯提奈利很會討好人，說服了普魯斯特先生資助他買了一架飛機，命名為「斯萬」（Swann）。普魯斯特先生知道他駕這架飛機出事喪命時，非常悲痛……這件事引起了很多蜚短流長……我之所以決定敘述我在普魯斯特先生身旁服侍的生平，就是因為坊間出版太多有關他的事根本是子虛烏有，寫那些東西的人都不如我認識他來得深。

人們編造了一堆普魯斯特先生面對阿戈斯提奈利因意外死亡的痛心難過，更漫天亂扯他對阿戈斯提奈利的感情，某些大有學問的人——是不是真有學問我是不知道——還挖掘出他是書中阿貝婷（Albertine）的原型，小說「敘述者」心愛的人。在我看來，這根本是無稽之談。

命名為斯島的飛機……

貼身女僕賽琳娜並不喜歡我，懷疑我覬覦她的職位，我後來才知道，她把我視為「忘恩負義的小女孩」，以為我想竊占她的位置。我什麼都沒說，以免引起爭端。她搞錯了，我知道這件差事只是臨時的，更何況，我根本不把這個工作視為一個職業。

後來，賽琳娜進醫院治療，是享有盛名的外科醫生羅貝爾．普魯斯特（Robert Proust）受哥哥普魯斯特所託，親自為她醫治開刀。住院之後，普魯斯特先生理所當然地立刻對尼古拉說：

「必須想辦法讓您能每天去醫院探視妻子，何不問問阿爾巴雷太太能不能每天來一下，讓您能抽身去醫院呢？」

我回答尼古拉說，我很高興能幫上這個忙。

「賽萊斯特，」尼古拉跟我說：「事情必須完全按照普魯斯特先生希望的方式去做。您兩點鐘來，在廚房裡等著，以防他若有什麼需要，直到我四、五點鐘從醫院回來即可。您到的時候，普魯斯特先生已經喝完牛奶咖啡、吃完可頌，您不必服侍，我會負責普魯斯特先生的早餐，但若他想分兩次喝咖啡，就要送上第二個可頌，那便是您要幫忙送過去了。」

指示非常精確。

「普魯斯特先生需要您時，您會聽到搖鈴聲。把托盤放下便離開，千萬不要跟他說話，我特別強調這一點：除非他問您話，否則千萬別跟他說話。」

我每天到他家，待在廚房裡等。最好玩的是我不記得自己呆呆這樣等待，曾經覺得無聊過。從沒聽到一聲搖鈴，也沒有人來訪。沒有任何事，也沒有任何人。我知道普魯斯特先生在那兒，但隱如不見，連聲音都沒聽到，就這樣過了好幾天。

突然有一天……噹噹噹！

現在任務來了，我遵守指示，穿過前廳，然後是大客廳，那次我並沒有注意到什麼細節。我停在第四扇門前，沒敲門就打開了，按照尼古拉囑咐，把厚重的門推到一邊，然後走進房間。

房間裡一股濃烈得劈不開的濃煙，真令人難以相信。尼古拉早跟我說過，普魯斯特先生有時睡醒時會燃燒一種粉末，以平緩哮喘——但是我沒料到是像這樣的濃煙。房間其實很寬敞，但充滿這濃煙，就顯得陰鬱、侷促。

房間裡只開了一盞光線微弱的床頭燈，因為燈罩的關係，散發出綠色的光。房間裡一切都很高挑，大扇窗戶，一整個下午都會拉上長長的藍色窗簾，天花板應該有好幾公尺高，關著的吊燈垂吊在煙霧中，使得房間顯得更大了。四面牆壁都鋪著軟木，我感覺像走進了一個巨大的軟木塞裡。我看見一張銅製的床和一角床單，綠色的光線斑駁照在白色床單上。

至於普魯斯特先生，我只分辨得出一件厚毛衣下的白襯衫，以及倚在兩個枕頭上的上半身。他整個人陷在陰暗與煙霧中，除了看著我的兩只眼睛之外，根本整個人都隱形了。與其說看見，不如說我感覺到他在那兒。

我向那個隱形的人行禮，放下托盤，他只做了一個手勢，似乎是表示謝意，但一句話也沒說。我永遠不會忘記那時看見他的影像，躺在銅製床上，那張看不見的臉，以及除了眼神和小小手勢之外的文風不動，整體散發出言語無法形容的優雅。就像這樣，他的風度氣派無以倫比。

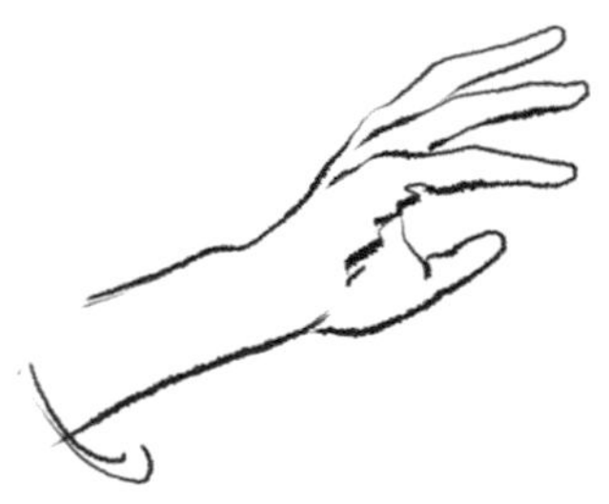

我在不自知的情況下，
踏進了置於時間之外的世界的第一步。

我以為一旦賽琳娜痊癒了，就會回來上工，一切便恢復原狀。我既然不在這個職位，絕對不會肖想佔據她的地位。然而，賽琳娜從醫院回來之後，普魯斯特先生卻辭退了她，說她想指揮一切。尼古拉還續留原位，負責泡咖啡，他是個完美的貼身男僕，體面、細心、盡忠職守。我呢，負責家裡的衣物洗滌，於是我現在又見不到普魯斯特先生的面了。

Chapter 3

您何不直接叫我
賽萊斯特呢？

Pourquoi ne m'appelez-vous pas Céleste ?

一天晚上，歐狄龍比預期早回到我們勒瓦盧瓦的家，戰爭爆發了，全面動員，召集令上註明必須即刻前往他的召集中心報到，召集中心位於巴黎的軍事學院（l'Ecole militaire），而這個「即刻」，就是次日早上六點鐘。這意味著我們如同千千萬萬其他人一樣，生命感到天崩地裂。

我先生的第一個念頭，就是跑去豪斯曼大道（boulevard Haussmann），他擔心若不即刻去見普魯斯特先生，之後可能就沒時間了，這足以看出普魯斯特先生對周遭人散發的魅力與獲得的尊敬。

一聽到歐狄龍求見，普魯斯特先生便請他立刻直接到他房間裡，這麼跟他說：

「請相信我對兩位的遭遇感到非常難受，親愛的阿爾巴雷。您尤其應該知道，若是您太太想留在巴黎的話，我承諾您，她若遇到任何危險，或是有任何我能幫上忙的地方，我都義不容辭，她知道我一定在這裡。目前她可以繼續來工作，想做多久都可以。」

我先生深受感動，也安下心來。

我也決定暫且不離開巴黎，並繼續前來工作。十五天之後，尼古拉也被動員入伍。多年後，回想到這段剛開始工作的時期，我覺得普魯斯特先生早已預見情勢的發展——他早已預料總有一天自己會孤單一人。他後來跟我說，他的想法和大多數人相反，他認為戰爭會持續，遲早會把尼古拉從他身邊奪走。

一九一四年夏天……
戰爭爆發了。

「……歐狄龍和尼古拉都被徵召，我孤單一人，身邊沒人了。我無限感激您願意屈就照顧一個病人，我不諱言，我非常高興您能暫時搬到這裡，這當然是在找到更好辦法之前的權宜之計，因為一個生病臥床的男人不適宜由一個女人來看護，尤其是一個年輕女人。」

「嗯……我願意的，先生。」

「請您放心，我不會要求您任何事，我會照顧自己，您只要幫我煮咖啡，這是最重要的事。女士，我知道您什麼都不懂，什麼都不會做，您甚至不會用第三人稱對話。」

「是的，先生，我永遠學不會這個。」

「女士，我也永遠不會要求您這些。」[1]

---

1 通常僕人對主人以第三人稱來稱呼，代表尊敬。賽萊斯特學不會以第三人稱稱呼普魯斯特，普魯斯特也不要求她這麼做，代表兩人關係不是主僕，而是對等的。如同下一頁普魯斯特說無法直呼她的名字，只稱呼她女士，也意指平等關係，直到後來兩人感情漸增，他才直稱女管家的名字。此為譯註。

先生，您何不直接叫我賽萊斯特呢？
因為，女士，
我無法這麼
做……

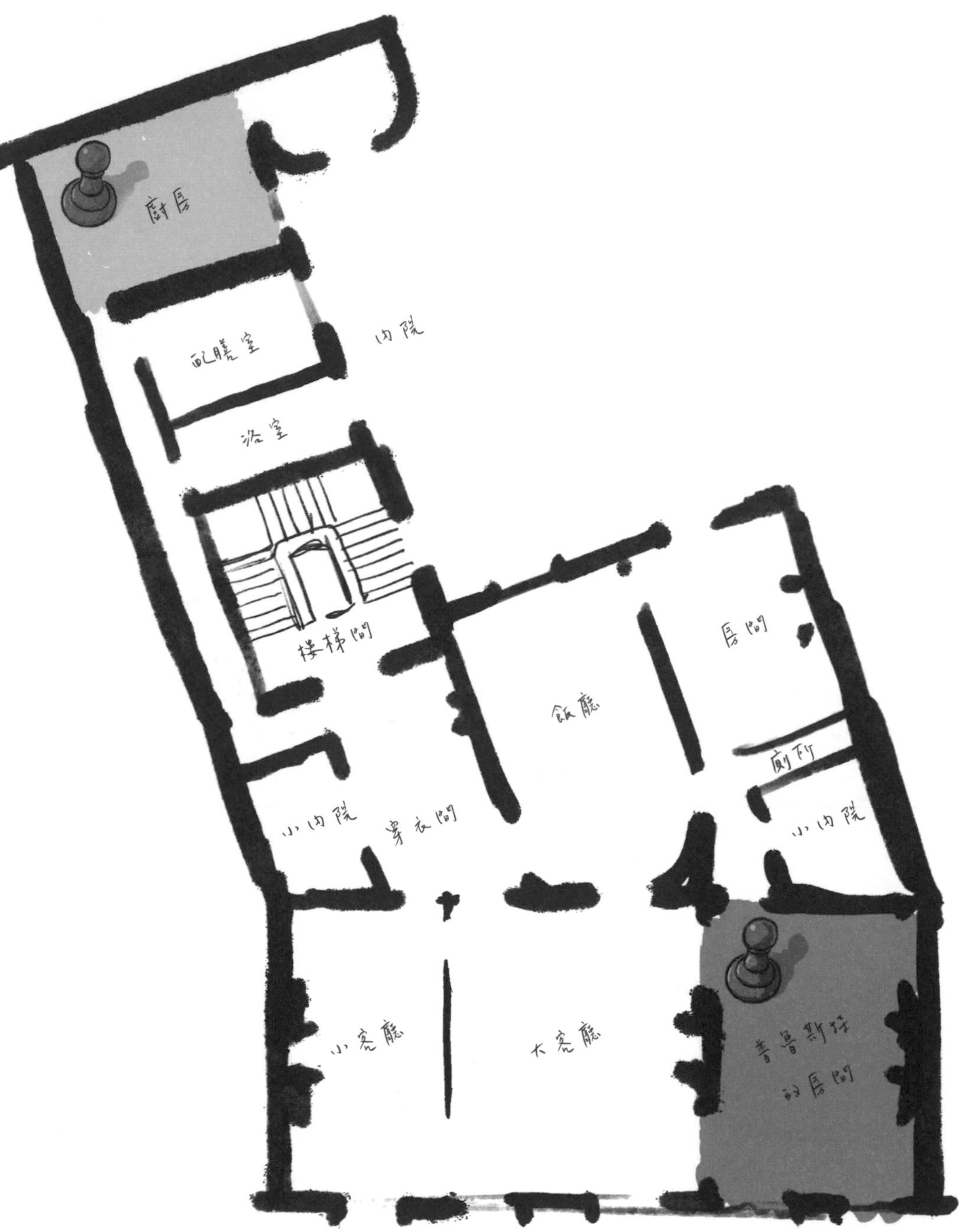
廚房
配膳室
內院
浴室
樓梯間
房間
飯廳
廁所
小內院
穿衣間
小內院
小客廳
大客廳
普魯斯特
的房間
豪斯曼大道102號

我拎著行李落腳豪斯曼大道。

普魯斯特先生終於找到一個貼身男僕，我記得他叫厄尼斯特，是個瑞典人，自命不凡的程度好像他是瑞典國王或是上帝，但幹起活來倒不怎麼樣。我漸漸知道這幢公寓裡的日常以及普魯斯特先生的作息，我學會在他休息或工作時保持沉默，在他下午午睡醒來之前，或是晚上他若出門回來之前靜靜等待。

在那些年月裡，他的房間就是他整個舞台，也稍微有一些些算是我的舞台。房間裡鋪滿軟木以阻隔外面噪音，還有一面「他的」牆。床頭有一扇中國式的漂亮屏風，除此之外，一切非常簡樸，和大房間裡其他碩大的家具相比，幾乎像是獨立的一方角落。

Chapter 4

最後一次去
卡布爾旅行

La dernière evasion à Cabourg

CABOURG

九月初的一天，普魯斯特先生突然對我說：

「女士，既然戰爭讓城市裡都空了，我決定像每年一樣出發去諾曼第地區（Normandie）的卡布爾（Cabourg）。麻煩幫我準備行李。隨身行李裡請放上我的手稿，我出門都要帶著，這是我最珍貴的財產，我絕不與它分開。另外這個行李要託運，裡面放上衣服、貼身衣物、毛衣，還有我特別為了去海邊訂製的風衣外套。別忘了我的毛毯，因為旅館的毛毯有樟腦味，我沒辦法忍受。此外還有藥包，裡面有我的氣喘藥。」

卡布爾

到了旅館，好大的陣仗迎接他。所有人都臣服腳下似的，不知該如何討他歡喜。

沒錯，普魯斯特先生一向小費給得很大方，一看就知道他在這裡賓至如歸。

他很開心每年夏季重回旅館他的房間，若我沒記錯的話，是137號房。

這裡的生活起居和在巴黎大致相同，但是天地比較開闊。我不記得普魯斯特先生有會見過很多朋友，葛夫樂伯爵夫人（comtesse Greffulhe）和孟德斯鳩伯爵（comte de Montesquiou）曾有一天來訪，但他不肯見他們。他很願意貼近那些和他的寫作有關的人，但無法接受這是由對方發出的強制約見。當他出去透透氣時，我就整理他的房間，但有時候我也有閒暇可以出去轉轉。這是改變我們關係重要的時刻，那個時候，他不再稱呼我「女士」，開始叫我賽萊斯特。

也是從那個時候起，他開始偶爾要我留下和他聊聊天。

厄尼斯特的自命不凡是我們之間一大聊天話題，我們在一起時經常說起他，我裝出他那不可一世的神氣，普魯斯特先生也模仿，然後我們就笑開了。

我們像這樣開著玩笑時，我不禁顯露出直率的個性和二十三歲的年輕模樣吧。

「啊，賽萊斯特，海邊度假的生活多麼無拘無束！厄尼斯特好像沒享受到，您知道啊，這個厄尼斯特惹人討厭，讓我厭煩。」

「當他像這樣趾高氣昂的時候，活像隻公雞……」

「賽萊斯特，附近有家店的可麗餅非常好吃，您何不去嚐嚐呢？叫輛車去，我會付車資。」

「先生，我不想去，我和您在這裡就很好。」

「謝謝您，賽萊斯特。」

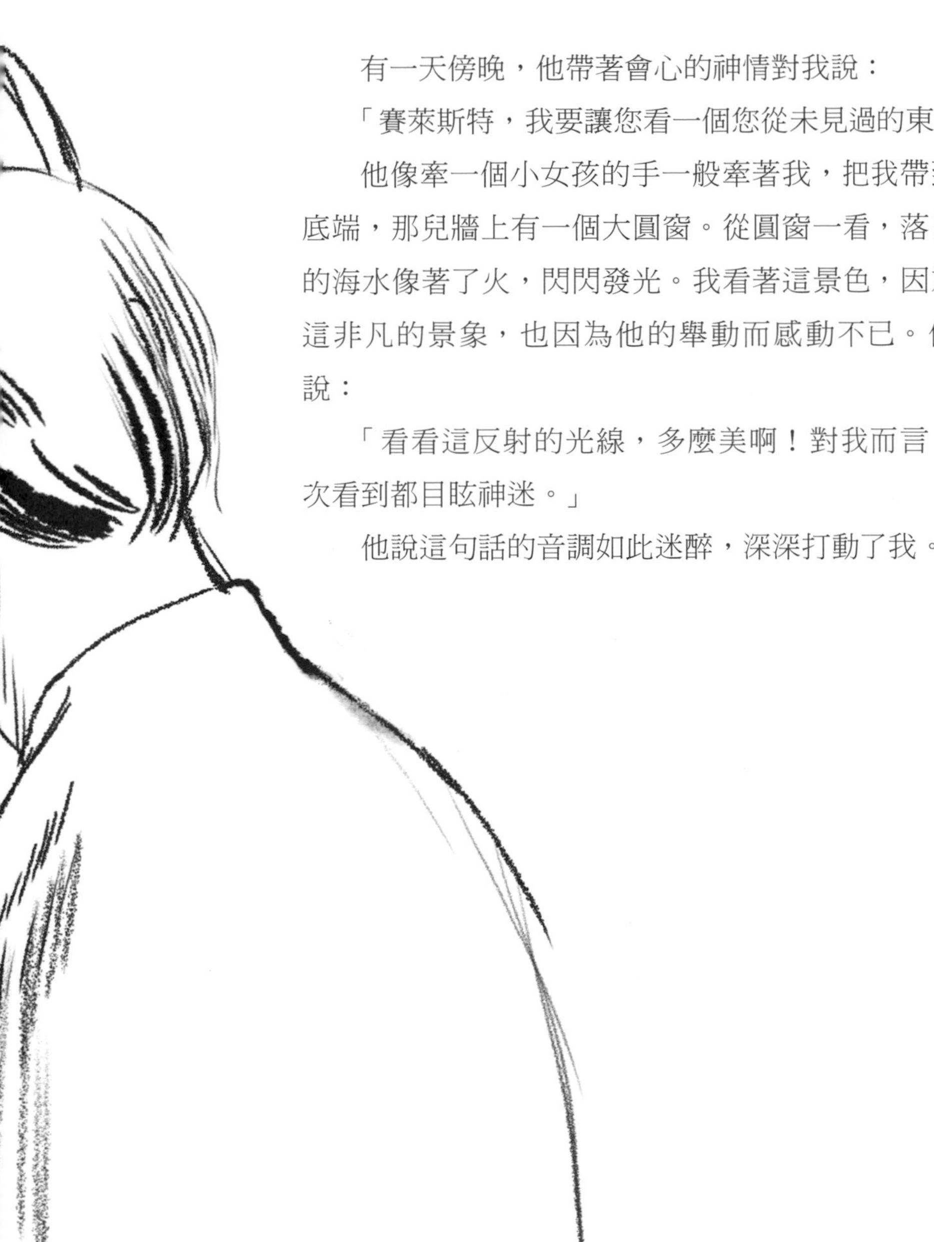

有一天傍晚，他帶著會心的神情對我說：

「賽萊斯特，我要讓您看一個您從未見過的東西。」

他像牽一個小女孩的手一般牽著我，把我帶到走廊底端，那兒牆上有一個大圓窗。從圓窗一看，落日之下的海水像著了火，閃閃發光。我看著這景色，因為眼前這非凡的景象，也因為他的舉動而感動不已。他對我說：

「看看這反射的光線，多麼美啊！對我而言，每一次看到都目眩神迷。」

他說這句話的音調如此迷醉，深深打動了我。

我記得還有另一個傍晚，在我們快要結束假期的時候。他那天傍晚站著，看著窗外，叫喚著我：

「賽萊斯特，過來看。是秋分的大潮，大家要把所有東西搬上堤防去，要不然浪會把一切打碎沖走。過來看！這和布列塔尼地區（Bretagne）的潮汐當然不能相比！我許久之前曾和我作曲家朋友雷納爾多．漢恩去過布列塔尼。啊，我多麼想再去一次布列塔尼……那裡真美，賽萊斯特。」

這是他第一次跟我談到這個話題，爾後會一直出現在我們的談話裡：

「或許有一天，若我健康好轉……我會帶您去布列塔尼，我絕對要您看到那裡的大潮汐。」

但是我嚇得發抖：

「這些憤怒洶湧的海水，這些好像要掀得比旅館還高的浪，真令我害怕，先生。」

那次度假令人難忘，但是無法繼續下去。旅館被徵收，充作軍隊使用。得知這個消息，當我們出發返回巴黎時，普魯斯特先生突然一陣窒息喘不過氣。我嚇死了，在火車第一個停靠站跳下月台，找到煙熏療法需要的東西，普魯斯特先生立刻在包廂裡做煙熏治療。我真不知道我們是怎麼回到豪斯曼大道住處的。

如同每一年他去卡布爾度假的時候，家裡忙亂一團大陣仗地，從上到下一番大掃除。普魯斯特先生要求大家都退下，他才能躺下休息。他要我準備熱水袋：

「讓我靜一靜，賽萊斯特，尤其我若沒搖鈴千萬別來。」

我滿心憂慮等待著，幾個鐘頭之後，我聽到搖鈴聲趕緊跑去房間裡。

「我親愛的賽萊斯特，讓您驚嚇受怕了。謝謝您替我擔心，我能夠了解您的害怕，這是您還從未遇過的情況。我必須告訴您一件事，賽萊斯特，我和您一起從事了這次旅行，但現在結束了，我再也不出遠門了，再也不會去卡布爾或是其他地方。士兵們盡他們的職責，我雖然不能和他們一樣去打仗，但我的職責是寫作，創作我的書。時間如此急迫，我不能浪費在其他事情上。賽萊斯特，請關上家裡所有的護窗板好嗎？光線讓我不舒服。也把電話解約好嗎？我不想被打擾。」

就在一九一四年九月裡的那一天晚上，他自願進入生命和創作中最後的八年隱居生活。我不僅什麼都不會做，而且就如同他所說，一個年輕女人單獨留守一個病人不像話，但我也不知不覺跟著他進入了隱居生活，那時我還不知道，我將停留在這樣的生活裡，直到最後。

隨著一個夜晚、一個夜晚過去，我明白了普魯斯特先生所追尋的，是把他自己置身於時光之外，以便將時光尋回。時光不存在了，只有寂靜。他需要這寂靜才能找回過去，只聽他想聽到的聲音，那就是他的書的聲音。

至於我呢，一點都沒有心理準備要過這樣的生活。

然而，很快地，我就隨著他的步調過日子。我進入了他所經歷的奇特的、獨一無二的時光。這時光裡沒有鐘點。對我來說也是，依隨時刻、鐘點的生活步調很快也煙消雲散了。

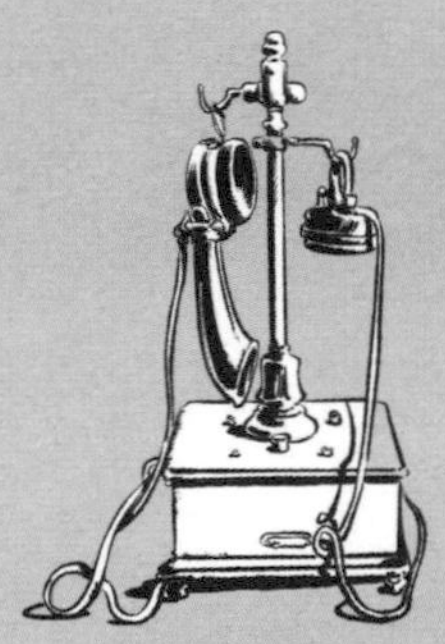

Chapter 5

我在他隱居的生活中
安頓下來

Je m'installe dans sa vie de reclus

漸漸地，生活固定為這種模式，不再改變。外面光線絕不透進公寓裡，窗簾關得嚴嚴實實，我們要不是靠電燈照明，要不就是陷入無盡的黑夜中。我再也不知鐘點、時間，但天一亮就開始幹活，尤其現在厄尼斯特也走了，我跑進跑出，什麼都得做，不是忙這個就是忙那個，煮咖啡，打掃，去打電話或買特別指定的東西，去寄信，烘熱衣服，準備或更換他稱之為「圓球」的熱水袋，整理普魯斯特先生堆在床單上的報紙和文件，為他房間壁爐生火添柴，準備泡腳熱水……

最困難的，是伺候咖啡。

尼古拉曾教過我，整個過程像個儀式。普魯斯特先生對咖啡品質的要求很高：首先，只能選用寇瑟雷牌（Corcellet）的咖啡，其他品牌的想都不必想，而且必須去他們家在樂維街上（rue Levis）的烘培店買，才能保證新鮮好喝，香味不失。濾紙也必須是寇瑟雷牌的，想換其他牌子也是絕無可能，連小托盤也必須是寇瑟雷牌的。在濾紙上裝滿磨的極細、濃度極高的咖啡粉，注水要非常緩慢，慢慢注很久，咖啡一滴一滴落下，才能達到普魯斯特先生的咖啡標準，沖泡的時候所有器皿都要隔水加熱，以確保溫度。

賽萊斯特，您買的手絹不夠細緻，擦了會引起鼻孔刺癢，讓我打噴嚏，麻煩請不要再拿給我了。手絹要用舊才會舒適，就像襪子一樣。請牢牢記住這一點，賽萊斯特。

賽萊斯特，抱歉打擾了，我覺得有點冷，可以麻煩您把毛衣拿來，讓我披在肩上嗎？

賽萊斯特，您忘了按照我的吩咐請人把勒梅特花店的白色蘭花送去給史特勞斯夫人（Madame Straus），這件事很重要。

賽萊斯特，我要出門，請幫我叫輛車好嗎？待會兒我出門後，您會記得把其他這些信函捎到每個人那裡去吧？我不知道會幾點鐘回來，但希望在我回來之前信都會捎出？當然，您也會記得幫我房間通通風？

賽萊斯特，您沒有換床單，您明明知道每天都要更換床單，否則床單上總會有點濕氣，以及睡了一夜之後稍帶的酸味，我無法忍受。您或許不自知，但您這樣實在太糟糕了……

我懷疑這雙手套沒有清洗，賽萊斯特，上面聞得到香水味！您明明知道我無法忍受任何氣味，幫我換另一雙來。

梳洗，跟其他事情一樣，是一項要求精確的儀式。

我負責一切工作：

在廚房爐火上隔水加熱燒兩罐熱水，那個年代自來水還很罕見，我們只有廚房裡有個水龍頭。

早早就要把貼身衣物、毛衣、短襯褲、乾淨襯衫放到烤箱裡烘熱，他醒來時，衣物都要溫度剛好，如同熱水溫度要剛好一樣。

要去勒格列藥房買刷牙的牙粉，永遠是同一個牌子，很白很細的粉，是專為他製造的。

他要梳洗的時候，一切都要準備妥當：水、衣服、貼身內衣、毛巾，整齊擺好在桌上、椅子上，或是伸手可及的地方。

在梳洗台上擺好一疊二十幾條薄細毛巾，是麻紗白色手巾。毛巾可真是大陣仗，他拿起來一條輕輕擦一下，又換一條，用過的毛巾都送去拉維尼洗衣店清洗。他使用的毛巾量大無比，好浪費錢啊！

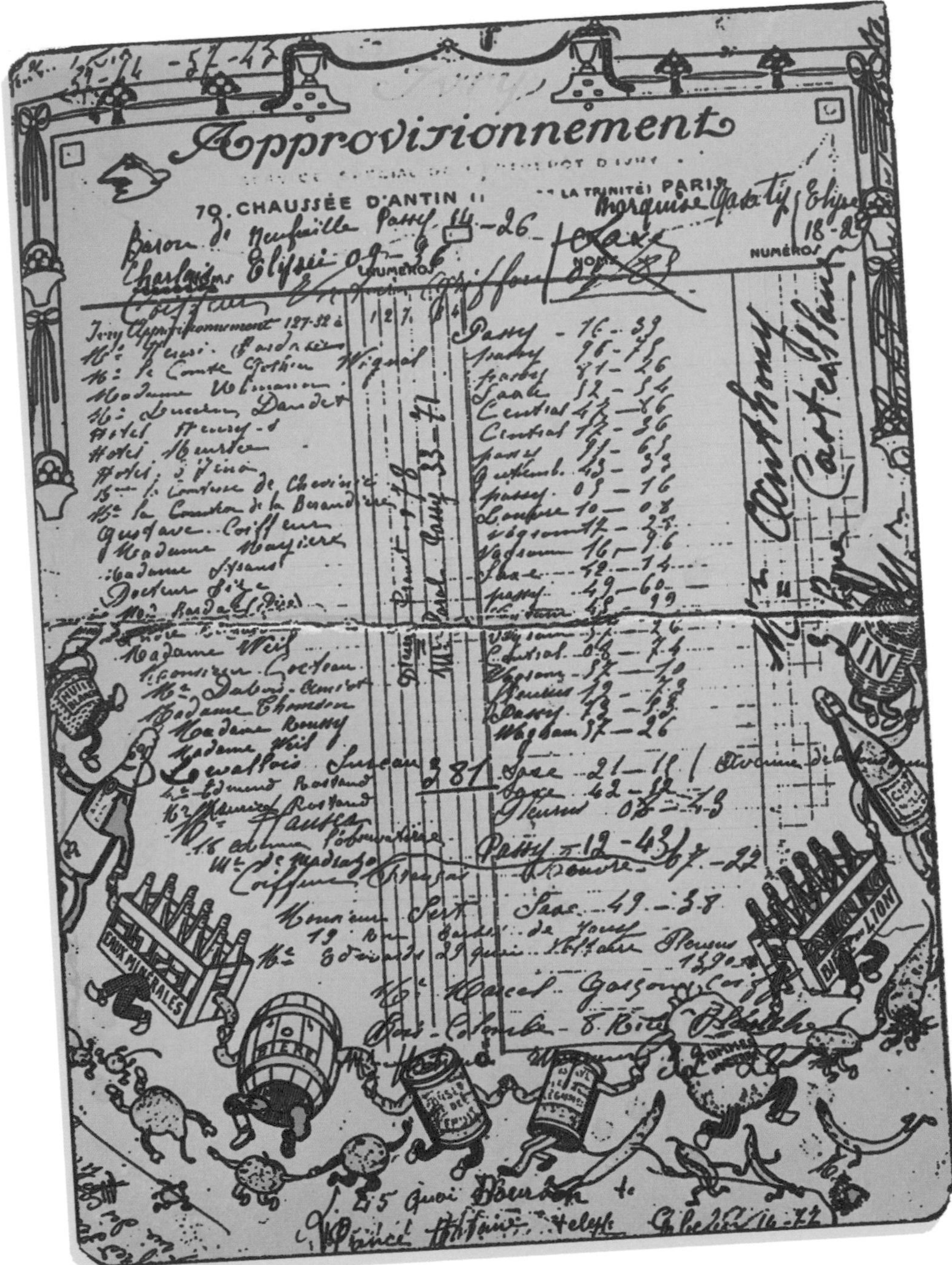

Approvisionnement

70, CHAUSSÉE D'ANTIN

LA TRINITÉ PARIS

NOMS

NUMÉROS

我到樓下咖啡廳打電話，我準備了一張小卡片，上面列著親近友人的名字和電話號碼。普魯斯特先生給我上了一課，教我如何詢問對方是否是我要找的人，以及如何稱呼他們。他對我說：

「跟著我重複：我是否有幸能與阿爾布費拉公爵（duc d'Albufera）先生說話？」

我著著實實成了他的傳聲筒，人家都搞混，和我說話時以為是在和他說話。往往在幾天之後，他會驗收看看我有沒有胡言亂語。

「賽萊斯特，我那天請您打了個電話，我麻煩您打電話給貝爾納・格拉塞（Bernard Grasset）先生轉達一個訊息。您可否重複一次您在電話中所說的話，以及他的回答？」

這是他最嚴苛的地方。沒錯，他是個暴君，但是我們卻都愛著他。

有一天，我替他取了「我令人喜愛的折磨精」綽號，因而他送了我這張簽名照。

相反地，他對吃的要求不高，何況，就如同他所說的，我根本不會做飯，經常是去拉輝熟食店買現成的。他的口味很簡單，我記得自己只料理過比目魚、雞、薯條。他食量很小，但有時晚上會突然記起年輕時的記憶，也會立刻餓得發慌，我就跑去拉輝熟食店幫他買個梨子杏仁塔，去堂哈德店買果醬，去博邦樂店買奶油麵包，買覆盆子或草莓口味的冰淇淋，每個東西都要去特定的店買，買回來他就慢慢吃了起來。

當普魯斯特先生心情好的時候，會拿他剛寫的幾頁稿子給我看，說：

「看，賽萊斯特，我工作進行得不錯！看！一頁、兩頁、三頁……我對自己還算滿意。」

但有些日子：

「我可憐的賽萊斯特，我受不了了。我寫的根本不行，我真氣我自己。」

他對金錢毫無興趣

當我想到普魯斯特先生衣服送洗、買書、送朋友的禮物所花費的錢，不禁心疼起來。錢就這樣流水般花出……我跟他說了：

「先生，幸好您生來富有，若是出生在窮人家，真不知您該怎麼活下去呢。」

普魯斯特先生回答我：

「我父母留下錢讓我能隨心所欲地花。但是賽萊斯特，我其實並不富有，幸好如此，因為身為有錢人……就會有許多義務，那我就不能寫作了。」

鈔票放在他房間裡一個中國式櫃子裡，就這樣一堆放著，我去抽屜裡取出交給他，他自己則手從不碰、從不整理任何東西。家中花用是我先墊，他再付給我，花費的細節他從不關心，我交給他的帳單收據也從來不看。如果費用中有零錢，他都算整數給我。我自己每月支領一百法郎，在當時是不錯的薪水。

Chapter 6

他把自己囚禁到病痛裡

Il s’enfermait jusque dans la maladie

這位先生大半的人生
都躺在床上度過……

普魯斯特先生只在床上寫作，連稍微直起上身靠在枕頭上都不要，只在肩下墊些毛衣充當支撐著背的椅背。肩上圍披著毛衣躺在床上，旁邊放著手稿，是他覺得最幸福的地方。

至於我呢，我緊盯著他最微小的手勢，即使最小的聲響，我就立刻警醒地站起來。我和他《女囚》（*La Prisonnière*）書中的人物毫無關聯，但其實我體現了這個書名。可以這麼說，一周七天，一天二十四個小時，我都只為他而活。

他晚上出門時，我就在沉寂的整棟樓中守候他回來。樓裡的其他住戶沒有人會這麼晚回來。我一聽到電梯聲，他還沒上到樓層時我就站在樓梯間裡等，手握著電梯門把，好幫他打開門。我人一定要在，他口袋裡絕對沒有家裡鑰匙，我想他根本從沒擔心過口袋裡是否有鑰匙，也不知道鑰匙在哪裡。

他回到家，第一句一定是「怎麼了嗎？」，這成為我倆之間的儀式。我一貫的回答是：「那就是您回來了，先生。」只要看到他，我就知道他晚上的會面是否開心，甚至從他的帽子也看得出來，他開心的時候，帽子就會戴得好好的，在額頭上稍微抬放起，反之，帽子就一直壓到眼眉。他返回時總會帶著開朗微笑，一進門就問：

「房間都弄好了嗎，賽萊斯特？」

他不在房間的時候，我開窗通風，整理好一切。他從不整理任何東西，也從不收攏四散的物品。普魯斯特先生不在家的時候，要把床上的報紙、紙張、掉落的鋼筆筆桿、手絹、信件……通通清理好。然後把毛衣搭在扶手椅上，怕他回來會冷或是想換衣服。有一天他回來之後，對我說：

「啊，賽萊斯特，我這整個晚上都毀了，一直想到我丟在床上的筆記，是一張很小的紙條……如果找不到就慘了。」

我知道小紙條筆記在哪兒，普魯斯特先生對我說：

「啊，賽萊斯特，我知道您什麼都不會弄丟。您實在是超凡過人。[2]」

2　賽萊斯特（Céleste）是人名，同時也是個形容詞，代表天上的、卓越的、超凡的。譯註。

夜晚就是白天，他一直工作到清晨五、六點，或是七點才讓我休息。隨著時日，他熬夜到愈來愈晚，又習慣隨時喚我來，我隨叫隨到，連頭髮都沒梳理。

「我可憐的賽萊斯特，您已經睡下了？真對不起。我親愛的賽萊斯特，我本來跟你說明天我不出門，但現在不確定，如果我提得起精神的話，很想去見個朋友。我們明天再看看，或許要請您打個電話問他是否有空。還有，我親愛的賽萊斯特，明天早上我可能會想早一點喝咖啡。賽萊斯特，最後一件事，您可否把那本編號第十二號的黑色筆記本拿給我？啊，賽萊斯特，您頭髮這樣放下來，很像蒙娜麗莎。」

公寓裡一片寂靜的時候——我不知道他是在休息或是在工作——絕對不可以靠近任何一扇門，也不能隨便走動，所有聲音他都聽得一清二楚。想知道他工作多少時間，就跟想知道他什麼時候睡覺一樣困難。睡眠是他書中的一個主題，這一點都不足為奇。

我記得他寫過一句有關睡眠的文字：

一個睡着的人抓住
環繞在周身的時間之繩、年月與
世界的秩序。

在等待的時間裡，我以編織蕾絲作為消遣。有一天，他問我閒暇時做些什麼，我據實以告。他大叫起來：

「賽萊斯特，要閱讀！」

他推薦我看《三劍客》（*Les Trois Mousquetaires*）。我看了，而且非常喜歡，我們好幾個晚上都談論到：

「先生，我很好奇米萊迪那個女人怎麼那麼厲害，總是有辦法施詭計騙過所有人。」

「說的沒錯，的確如此，賽萊斯特。我也推薦您看巴爾札克（Balzac）的小說，很傑出，看了我們再討論。」

但是當時年紀輕輕的我，還是比較喜歡編織。回想起我們共度的晚上他本來能夠教導我的東西，天知道我是多麼後悔。

我把信件放在銀製咖啡托盤上送去給他，這也是儀式之一。普魯斯特先生寫很多信，也收到很多信件，他有時會念一些片段給我聽。

普魯斯特先生寫信，一定都有目的，有時是詢問寫作上的資訊，有時是為了某人請託安排想見某人或某人，又或是為了和對他的書有興趣的人見面，普魯斯特先生知道如何運籌帷幄。

「想到還有那麼多信要寫，賽萊斯特，我連寫書的時間都沒了！您看著好了，賽萊斯特，我人都還沒死，所有人就已經要出版我的信函。我寫太多信了，但我只有靠寫信，才和世界有所接觸⋯⋯」

普魯斯特先生非常關心時事，常跟我解釋政治現況。他幾乎每天都會對我評論時事，說是「為了教育您」。在服侍他之前，我對政治完全無知，但後來也產生了興趣。我傾聽他的話語，像喝牛奶一樣吸收他所說的一切。

「這份民族至上主義的報紙真可笑！所有這些愛國文章！以戰爭為藉口，高呼應該唾棄所有和德國有關的一切！什麼不要再聽貝多芬和華格納！這一堆陳腔濫調！為什麼要繼續一切感情必須內斂、純樸就得滿面笑容、服喪就該神情痛苦這類的陳腐說法呢？」

「賽萊斯特，我覺得人不舒服。賽萊斯特，您確定所有的窗戶都關緊了嗎？您可知道，賽萊斯特，我的支氣管就像煮過的橡膠，折騰了那麼久，完全喪失了彈性。我很老很老了，賽萊斯特，和我的老支氣管、老心臟一樣老。賽萊斯特，我好累，好累……賽萊斯特，麻煩打電話請比澤醫生（Dr Bize）過來好嗎？」

比澤醫生是「他的」家醫，是位灰頭髮矮個子的先生，非常沉穩，嚴謹，也相當有禮——他稱呼普魯斯特先生「大師」。普魯斯特先生從未諮詢過其他醫生，當比澤醫生來到家裡，停留的時間比任何其他問診時間都來得長。

普魯斯特先生很喜歡頑皮地以自己的健康嚇唬他，我認為普魯斯特先生要求他來，主要是想和他聊聊，以及懷著有關他書寫中的某個精確的目的。然而，比澤醫生卻很擔憂，他說普魯斯特先生的生活方式會慢慢拖死他，而且吃的東西量也不夠。他要我注意桌上隨時得備有他的咖啡因和巴比妥藥丸。

這五年來，我只見過歐狄龍四、五次。時間漫長流逝，消息卻得來不易。歐狄龍第一次從部隊休假是在一九一五年。真可憐的人！我還歷歷在目，他腳上穿著阿兵哥的厚重高筒靴，當我打開僕人專用門讓他走進廚房時，他看著地板上乾淨的地磚，突然間不知該怎麼走路了，也或許他不知該怎麼像平常百姓一般走路了。我呢，被他那一把大鬍子嚇愣了，好難看呀！可憐的他解釋說，前線壕溝裡是如此之冷，若刮掉鬍子，皮膚會龜裂刺疼。

「我恐怕得承認賽萊斯特說的沒錯，這把鬍子不太適合您。」普魯斯特先生也這麼跟他說。

我先生最後還是決定把那把大兵鬍給剃了。

「賽萊斯特，我擔憂至極，我弟弟羅貝爾在凡爾登（Verdun）前線當外科醫生，他在那裡成立了第一個前線手術團隊。雷納爾多．漢恩主動請調到前線，而且我剛得知我朋友貝特朗．費奈隆過世的消息……您看，賽萊斯特，他們置身槍林彈雨之中，而我在這裡。千百萬人將受到屠殺……賽萊斯特，德國已經開始轟炸巴黎，您必須去地窖躲避，一定要、一定要，這點我很堅持。而我呢，我不能下去地窖，地窖裡灰塵太多。更何況，您還年輕。」

巴黎轟炸期間我去地窖躲避了兩次，他呢，當然從來沒有過。

Chapter 7

朋友甚多，友情欠缺

Des amis, pas d’amitié

－菜單－

比目魚排
雞肉
白梨家特製冰淇淋

●

我不認為普魯斯特先生擁有深厚濃重的友誼，他和艾曼紐（Prince Emmanuel Bibesco）、安端・比貝斯科（Prince Antoine Bibesco）兩位王子兄弟交好，安端・比貝斯科覺得普魯斯特先生真正愛的人只有兩個：他母親和我。當他跟我說這句話的時候，我整個人激動萬分。我不敢自恃而驕，但我想他說的或許是真的。

普魯斯特先生並不常邀請朋友，每次最多也只單獨邀請一個。受邀來的客人會坐在扶手椅上，遇到這種時刻，我鋪上桌巾，僅需擺上賓客用餐的刀叉。菜單幾乎一成不變，普魯斯特先生也會考量我找不找得到食材而有些變動。宴請客人時，他會差我去買上好的葡萄酒，他則只喝啤酒。

他輕輕鬆鬆便能捨棄他們。

艾曼紐·比貝斯科

比利伯爵
（Comte R.de Billy）
呂西安・都德
（Lucien Daudet）

吉什公爵
(Duc de Guiche)
史特勞斯夫人
(Mme Straus)

博尼·卡斯特蘭（ Boni de Castellane ）

有些人他只是為了手上寫的書才和他們見面，例如博尼・卡斯特蘭，一個出名的翩翩公子哥，是他書寫聖盧（Saint-Loup）青年貴族的參考典型之一。我相信普魯斯特先生和他見面，是想看看他到底是什麼模樣。他只來過家裡一次，普魯斯特先生塑造聖盧青年貴族的形象便綽綽有餘了。

客人離開後，普魯斯特先生對我說：

「您看見這位先生了嗎，賽萊斯特，那身裝束，那份優雅？哎呀，他一毛錢也沒有，睡在浴缸板子上面，因為連個房間都沒有了！啊，親愛的賽萊斯特，他稱讚您料理的雞肉。」

有些是他喜歡並且為了寫作的書才相見的人，也有些是他真正喜歡這個人。

雷納爾多·漢恩

作曲家雷納爾多．漢恩是他的摯友，是唯一只要前來，他一定與之相見的人。在所有熟識朋友之間，他也是最有交情，認識最久的朋友之一。普魯斯特先生年輕時期，在母親陪伴下，和他一起旅遊威尼斯，對那趟旅行留存燦爛的回憶。雷納爾多．漢恩經常未先通知就跑來，讓我幫他開門，普魯斯特先生若不是在休息或在做蒸熏療法，他就會直接到他房間，否則，他只問問近況就走了。他也是唯一我不必送到門口的客人，見完面他就一溜煙走了——沒有別的字可形容，真的像是一陣風。幾乎每一次雷納爾多．漢恩離開後，普魯斯特先生都會喚我過去：

「親愛的賽萊斯特，雷納爾多把門關好了嗎？」

因為門不能只是帶上，而要緊緊關好，千萬不能讓最輕微的一絲風從縫隙鑽進來，而雷納爾多．漢恩幾乎每次離開時都不關門。

我也記得他另一位朋友羅貝爾·孟德斯鳩來訪的情景，他只來過一次，但令人難以忘懷。那一次我並沒有伺候餐點，普魯斯特先生並不特別喜歡他來訪，我想是因為對方的兇惡讓他有點害怕，他說：「他好像一條眼鏡蛇」。

他還說：「您看，他的性格深深吸引著我，乃至於我把他塑造成我書中的一個人物，那就是蓋爾芒特家的帕拉梅德，夏呂斯男爵。這是我創作的中心。親愛的賽萊斯特，想想看，孟德斯鳩伯爵的祖上可追溯到十字軍東征期間，他這個人代表法國歷史的一個時期，幾乎算是一件古典藝術品。我的天啊，要忍受多少凡夫俗子才能遇到像他這麼一個不尋常的人啊！」

眼鏡蛇

孟德斯鳩

在所有普魯斯特先生認識的人裡，羅貝爾．孟德斯鳩伯爵是他最常和我談論提及的一位。伯爵與聖日耳曼郊區（faubourg Saint-Germain）的上流大家族有聯姻關係，在文學圈裡也相當知名。普魯斯特先生年輕時曾要求他引介進文學圈，也得到了敲門磚。到了我那個時候，他們兩人幾乎已不見面，但信件往來密切。孟德斯鳩伯爵的信就像藝術品，普魯斯特先生哈哈大笑地對我仔細指出其中某些片段，並模仿著唸出。至於普魯斯特先生的回信，都是隨便抓一張紙寫的。

他們倆人之間的關係緊張且複雜，彼此提防。孟德斯鳩伯爵辨認出自己是書中的夏呂斯男爵，很擔心這個人物的形象。

普魯斯特先生也充滿戒心，伯爵唯一來訪的那一次，宣稱說他請人捎來「鍍金巧克力」給普魯斯特先生，普魯斯特先生對我說：

「他若真的派人送來巧克力，直接丟到垃圾桶，連包裝都別拆。裡面摻了毒我都不會訝異。」

然而沒有送來巧克力，也不再有來信，因為伯爵次年就過世了。普魯斯特先生談起他時依舊會用現在式：他在夏呂斯身上看見活生生的孟德斯鳩伯爵。

葛夫樂伯爵夫人（La comtesse Greffulhe）

「伯爵把我引介給他堂妹葛夫樂伯爵夫人，賽萊斯特，如果您不反對，我給您看她的相片。我第一次看到她時，她髮上優雅地插著一串垂掛到頸子上的淡紫色蘭花，明亮的眼光中帶著謎團，我徹底被她迷惑了。我好不容易才跟她要到這張照片，因為她覺得給人照片是不適當的，但我呢，您能理解，我想仔細描述她這個人！我將她優雅的頸子和姿態賦予到蓋爾芒特公爵夫人（duchesse de Guermantes）這個角色上。想讓她邀我去她舉辦的宴會、演奏會，或是看表演時進入她的特定包廂更是難上加難，您要知道，公爵夫人家進出的都是聖日耳曼郊區、賽馬俱樂部、外交官圈子裡最菁英的人物。親愛的賽萊斯特，您看看情況是怎麼改變，今日換成是我拒絕她的邀約。」

普魯斯特先生和我談到聖日耳曼郊區的沙龍，以及出入沙龍千挑萬選的菁英人士，那些都是成排成群的王子與公主、公爵與公爵夫人，衣香鬢影夜夜笙歌，那是一九一四年戰爭爆發以來就不再存在，以後也勢必不會再存在的情景。普魯斯特先生很年輕就打進巴黎沙龍圈裡，大家叫他小馬塞爾。他跟我提到令人瞠目結舌的奢華、成群的家僕、鮮花、名畫、吊燈、珠寶，接送和等待賓客的馬車等，把整區擠得滿滿的。

戰爭改變了這一切。這些高貴仕女們在鄉間的城堡大門深鎖，繼續在巴黎舉辦沙龍宴會也不合時宜。慶典、豪宴、上流社會的交際筵席都結束了，生活失去了光鮮風華，取而代之的是眼下的擔憂與哀悼。

Chapter 8

家族這一邊

Du côté de la famille

普魯斯特先生想知道我童年的所有事，他說：「童年不管是天堂或是地獄，它塑造我們的一切。」我跟他說我在村裡一棟大房子裡長大，牆外四周圍著我們家的地，大房子裡熱熱鬧鬧充滿快樂。我和兄弟們穿著大木鞋在冰上滑，我還爬上樹……我跟他談到我的兄弟姊妹、我們養的牲畜、我們的果園、爸媽的磨坊，還有我們的村子。我想他很開心聽這些事。他尤其仔細詢問我母親的事情，我描述了她的性格，普魯斯特先生說：

「您和您母親很像，賽萊斯特。您身上有一種純真，必定是傳承於她。我感覺您在我面前，甚至在您丈夫面前都不會假裝。」

我回答說：「先生，那是因為我在您身上看見我母親的影子。」

這意思指的是對我同樣的關心，同樣的溫暖、同等的善意。我看得出來普魯斯特先生對此相當感動。

我母親死於一九一五年，一封電報通知了我這個消息。我把電報拿給普魯斯特先生看，他臉上驟然失了血色，我眼前一直存留著他的手把藍色電報紙放在床單上那一幕。

「親愛的賽萊斯特，」他說：「我了解您的傷痛，我也曾經歷過這樣的感覺。母親死的時候，我們心裡都有什麼東西破碎了。我媽媽過世那一日，就把小馬塞爾一起帶走了。您必須立刻動身回鄉，我會一直惦念著您。」

我趕回村子時，已經錯過喪禮，因此又立即啟程返回巴黎。基本上，普魯斯特先生和我現在都有點是孤兒了。我不在的時候，嫂嫂莉翁婷娜（Léontine）來代替我伺候普魯斯特先生，她已經盡心盡力了，但我一回來就知道她做的還不夠，我幾乎確信我不在的期間，他根本沒起身過。他對我說：

「您的嫂嫂在公寓裡找不到東南西北，也不知該如何幫我鋪床。」

普魯斯特先生開始對我傾吐心事。

「我母親珍妮·普魯斯特（Jeanne Proust），閨名威勒（Weil），是個非常有教養的猶太裔女人，他父親——也就是我外祖父——非常富有。我父親阿帝安·普魯斯特（Adrien Proust）是天主教徒。我父母儘管宗教、社會地位、家族不同，相處非常融洽和諧。我父親來自博斯地區（Beauce）的依利耶小村子（Illiers），他父親開了間雜貨鋪，他勤奮學習而成了一名醫學教授。他希望我也能去工作，但我不要一份職業，我要寫作。真正的生命，一個充滿發現與領悟的生命，唯一全盤活過的生命，就是文學。

我姑姑伊莉莎白·艾米歐（Elisabeth Amiot）留在依利耶村，她非常寵愛我，曾送我一個古早幻燈片投影器給我玩。賽萊斯特，她真是個獨特的人物，也就是我書中莉歐妮姑媽（Léonie）的原型。她是虔誠天主教徒，只靠幾付藥、維奇礦泉水、和點心時間的一塊瑪德蓮蛋糕維持生命。您如果看到她這樣……我星期日早上到她房間去，她就把浸在茶裡的瑪德蓮小蛋糕分一塊給我吃……我只要看到姑姑，她一定是躺在床上，手裡捏著一串念珠。她臥床的程度比我還厲害，連在房間走一步都不肯。賽萊斯特，她躺在床上有點暴君監視一切的意味，終其一生都在房間度過，像個受人伺候的公主。

我相信在兩個不同宗教之間，並不需要做出取捨。

我把依利耶村化做書中的貢布雷[3]。

媽媽這一邊的威勒家族和爸爸的家族非常不同，我外公納迪（Nathé）是股票經紀人，但是其實家裡真正舉足輕重的人物是我叔公路易（Louis），也是我書中阿道爾夫叔公（Adolphe）這個角色的原型。他在當時還算巴黎郊區的奧德伊（Auteuil）有一間圍著大花園的大宅邸，我們常去他家玩，那裡充滿快樂、金錢、自在、過日子和擺闊的歡愉。他喜歡浮華和豪奢，這有點是猶太人的調調兒。在叔公路易家裡，我們看到時髦的如雲美女，爸爸會說：「他又找到一個姘頭了」。您知道嗎，賽萊斯特，蘭黛・黑曼[4]（Laure Hayman）曾是叔公路易的情婦，我把她的影像融入我書中奧黛特（Odette）這個人物之中。她有一頭淡金色的美麗秀髮，漆黑的眼珠，當她興奮激動時，兩者混合成火花。我非常崇拜她，買大量鮮花送她幾乎快破產，她還就此提醒我爸爸呢……之後呢，哀痛的時代來臨，一切都結束了，落幕了。

---

3 貢布雷（Combray）是《斯萬家那邊》一書中的虛構背景地點。

4 蘭黛・黑曼（Laure Hayman 1851-1940），法國女雕塑家，出入沙龍，是當時上流社會的名媛。譯註。

珍妮・普魯斯特－威勒
(Jeanne Proust Weil)
【母親】
納迪・威勒
(Nathé Weil)
【外祖父】

雅蝶・威勒—貝恩卡斯蝶
(Adèle Weil Berncastel)
【外祖母】
阿德安・普魯斯特
(Adrien Proust)
【父親】

在他對我訴說的一切事物當中，經常出現的是記憶中童年時期依利耶村的山楂花。

「賽萊斯特，您可知道山楂開花的季節？我特別喜歡這種花。有一次我讓歐狄龍開車載我到近郊的謝夫勒斯河谷（vallée de Chevreuse），去看山楂花和蘋果花，我麻煩他去折了一根小枝來，讓我隔著車窗凝視⋯⋯」

他只活在記憶的夢想當中，而且僅僅為它而活。普魯斯特先生對所有花朵都抱著極大的喜愛，但因為過敏，無法忍受花香味，我想他一定很難過無法在家裡擺放鮮花，但他不停送花給朋友們。

十年，其實並不算長，但因為
是普魯斯特先生，這十年是全
部一生……

「我親愛的賽萊斯特，您應該要寫日記，我是說真的，賽萊斯特。您對我瞭若指掌，我跟您無話不談，在我死後，您的日記會比我的書賣得還好。我想得還更遠，賽萊斯特：您寫日記，由我來為您評論。」

「先生，我知道這又是一個您喜歡對我開的小玩笑。」

「錯了，賽萊斯特，您不這麼做會後悔的。您一定無法想像我死了之後，會有多少人來找您、寫信給您。依我對您的了解，您肯定不會對他們有所回應。」

最糟糕的是這一切都是真的。他過世後，全世界的人都來找我，我收到大量信件，我一概不回應。尤其是，我後悔沒寫日記。

Chapter 9

賽萊斯特，
我的時間緊迫

Le temps me presse, Céleste

戰爭結束，歐狄龍回來了。他毫不猶豫地安頓下來，我們完全沒有談到離開或是留下的事，我們知道沒有任何事能拆散我們和他。可憐的歐狄龍患了低白蛋白血症，是普魯斯特先生來張羅治療事宜。我呢，這些年從未生過病，只除了一次，應該是在一九一七年西班牙流感肆虐的時期，那時死了好多人。我記得我發高燒，滿身大汗，渾身無力。我的狀況很糟糕，普魯斯特先生立刻看出來了：

「怎麼了，賽萊斯特？您累了？我覺得有點不太對勁？賽萊斯特，如果您染了什麼病菌，對我們可不是好事。您若生了病，就請比澤醫生過來一趟吧。」

我的雙腿就像斷了般，只好躺著，站都站不起來。孤孤單單一人病著，感覺真悽慘。我流了滿身大汗，之後就覺得好多了。

就是在那時候，普魯斯特先生買了一個非常昂貴的盒子，用來消毒所有器物。普魯斯特先生深怕染了什麼病菌，那對他就會有致命威脅。他這點是承自於他霍亂和瘟疫專家的父親。而我必須把收到的信件放進盒子裡消毒，普魯斯特先生認為這樣還不夠，所以他開始戴著手套讀信件，有時甚至接待來客時也戴著手套。

阿姆蘭街是他最後的住所，他在那兒寫作，
日以繼夜地寫作，終至辛勞而死。

普魯斯特先生的姑媽並未先告知，就把豪斯曼大道的公寓賣了，我們只得搬家。找新住所十分困難，有的沒電梯，有的地段不適合，有的太吵雜，有的離塞納河太近：「我不喜歡塞納河上的霧氣！」有的又太靠近環城火車道：「火車經過！啊，這我絕無法忍受！」最後我們終於搬到阿姆蘭街（rue Hamelin）44號，公寓和豪斯曼大道那間很像，但比較小，陳設簡單。普魯斯特先生把這裡視為暫時落腳之地。

生活又回復正軌，普魯斯特先生又重拾以往的習慣。唯一不同的，是他愈來愈少出門，愈來愈投入寫作，愈來愈不停地說：「我的時間緊迫，賽萊斯特。」我的姊姊瑪麗也搬來這裡，幫忙我採買和家務事宜。那時，普魯斯特只和身邊我們這一小圈人相處，他和我們在一起感到很放心，幾乎像家人一般。他認識我們家裡的人，甚至還有歐狄龍的姊姊雅蝶，戰爭期間全巴黎都缺糖的時候，都是她帶糖來接濟我們。

普魯斯特
追憶逝水年華
第二卷
在少女們身旁
PARIS
MARCEL PROUST

一九一九年，《在少女們身旁》（*À l'ombre des jeunes filles en fleurs*）出版了，普魯斯特先生在書上親筆寫給我：「給我八年來忠實的朋友，事實上她與我的思緒如此有默契，我必須稱呼她為我永遠的朋友，我很難想像我不是已經認識她一輩子了。」我納悶他何以送我這麼這麼精美的書，我連書架都沒有。他書中有一幕提到我姊姊和我充當送信人的角色，我想他這麼做是謝謝我們的一種方式。

普魯斯特先生以前在出入沙龍期間，在豪斯曼大道宴請的舊識們也會來到阿姆蘭街，很多人都想來見他，我充當屏風擋客。「可以見見先生嗎？」「我可以去他房間嗎？」我便跑去問普魯斯特先生。天知道他們花了多大力氣想見他——為了遷就他的作息時間，往往待著直到晚上十點、十一點、甚至半夜一點才見得到。這是他的魅力使然，他身上有一種精神上的君王氣息，像太陽般的吸引力。

Chapter 10

尋找書中人物

La course aux personnages

馬里尼宅院（hôtel Marigny）

普魯斯特先生會蒐集一些人的資訊。亞伯特・勒庫斯亞（Albert Le Cuziat）是布列塔尼人，以前曾是男僕，後來成了妓院老闆，普魯斯特先生一叫他，他就會前來家裡。他開的妓院在拱廊街（rue de l'Arcade）的馬里尼宅院（hôtel Marigny）裡，政界人士和部長們都會去光顧。「他會告訴我他們的惡習，」普魯斯先生說：「我偶爾也會去，只是為了去瞧瞧」。他說這話的語氣就像說他去拜訪波蒙伯爵（comte Beaumont）或葛夫樂伯爵夫人一樣。勒庫斯亞的模樣就像隻狡猾的狐狸，我不喜歡他，也不隱諱地老實告訴普魯斯特先生。

勒庫斯亞
(Le Cuziat)

「賽萊斯特，我有好多事要講給您聽，我去了勒庫斯亞那兒，看見的事難以想像。我看到一個男人甘願被抽打，您想想看，在一個房間裡，他被鎖鏈綁在牆上，一個邪惡的傢伙鞭打他，直到皮開肉綻血噴四處……」

「不可能，怎麼會有這種事！真噁心！」

「是真的，賽萊斯特，我沒一丁點編造，我向來只能忠實描述我所見到的，所以必須親眼看到才行。」

「他那裡發生的事真是匪夷所思！先生，您還花大錢去看這個？」

「是的，賽萊斯特，這是必須的。」

「唉，先生，那位可怕的傢伙已經在牢裡蹲了不少時間，我心想他最好死在牢裡！我難以理解您為何要去他那裡，您幹嘛要和勒庫斯亞這種配不上的人來往呢！」

「別管那麼多，賽萊斯特，拜託。」

「先生，容我跟您說這麼一句，說完我就走。」

「親愛的賽萊斯特，我累了，想要一個人待一待。」

他一再重複敘述他在勒庫斯亞那兒所見所聞，就像是為了不忘記，必定是想要以他的方式將之寫進書裡[5]。我退出房間，感覺他一定是怕自己衝口說出不遜的話，我也知道他稍後一定會恢復理智。若他固執地覺得是我錯了，也不是一次就能說服他的。「賽萊斯特，剛才我很累沒辦法和您討論，但是我們必須把事情釐清，」他或許接下來的兩、三天都這麼說。他就這個主題繞來繞去地說，直到自我矛盾。我後來才明白，這就像他的書：一切解釋愈鋪陳，愈是一邊瓦解，直到最後「雲破天開」。當然，到最後，就算他在表面上錯了，實質上他卻是對的。普魯斯特先生敘述他遇到的人給我聽，我經由他的眼睛看見了大千世界。他

5 這裡應是指《追憶似水年華》第四卷《所多瑪與蛾摩拉》（*Sodome et Gomorrhe*）的內容。譯註。

大家傳言說他愛的是男人……
我不是要幫他辯解，但在我的想法裡，
他是個小小聖人……

告訴我外面世界發生的事，在我面前說的靈活靈現。想到所有他一一敘述的人物，簡直讓我頭暈目眩。有作家雅克·德拉克雷特爾（Jacques de Lacretelle）、安德烈·紀德、保羅·莫朗（Paul Morand）……還有老是愛出風頭引人注意的尚·考克多（Jean Cocteau），被我暱稱為波利許內爾（Polichinelle）[6]……另外有頭有臉的人物如沙因克維奇夫人（Mme Scheikévitch）、波利尼亞克王子王妃（Polignac）、波蒙伯爵與夫人，甚至有一次是畫家畢卡索（Picasso）。

普魯斯特先生真是個超級傳遞者，他說：「賽萊斯特，我來描述一下沙龍的情景，讓妳開開心！」我聽他描述那些人物，像聽一則童話故事。

---

6 波利許內爾（Polichinelle）是指義大利戲劇中的假面丑角。譯註。

Ritz
Paris. 18.5.1922
REGARDE. IL EST SUR LE MOTIF!
Picasso
Jean Hugo
Proust
OUVERT LA

~~Ce soir,~~

Ce seul soir-là, Proust s'est plaint de maux de ventre, Joyce de sa vue. Ils n'avaient rien à se dire.

Je ne l'ai pas lu

ULYSSES

JAMES JOYCE

Je déteste Beethoven

Flop

Stravinsky par Picasso 12.1920

保羅 · 莫朗（Paul Morand）
蘇佐公主（La pricesse Soutzo）

普魯斯特先生在家招待朋友之後，經常會問我的觀感。有一天保羅．莫朗和蘇佐公主一同前來，普魯斯特先生也同樣問了我。

「賽萊斯特，您對保羅．莫朗和蘇佐公主的印象如何？」

普魯斯特先生一向喜歡這種描繪人物的遊戲。

「蘇佐公主嘛……普魯斯特先生，允許我直言，我並不覺得她舉止多麼優雅貴氣，倒覺得她是個討人喜歡的小花瓶。」

他微微一笑。

「那保羅．莫朗呢？」

保羅．莫朗是位作家，又因為任職大使館到處旅行。我注意到普魯斯特先生被他深深吸引。我說：

「我覺得他有點複雜奇怪，但感覺是個非常好的人。」

這回答逗笑了普魯斯特先生，他回應說：

「是啊，賽萊斯特，他和中國的名士同樣優雅而細膩。」

C'est un Polichinelle !
Marcel, vous êtes terrible. À côté de vous toute la littérature est lâche, plate, insuffisante.
La mort de la grand'mère chef d'oeuvre
“Cette vie mondaine à laquelle il tenait plus que tout et que des critiques prirent pour une récréation était le milieu même de sa rosace.”

La Galerie des Bustes

MARCEL PROUST

Tout le monde sait que le livre, le p livre du « Cycle Marcel Proust » (non premier livre de Marcel Proust), vien paraitre. Marcel Proust on le respecte, on l'écoute, on l'aime. Peu vous importe, il me semble, de connaitre que Marcel Proust portait sa barbe et qu'il ne la porte plus. L'honneur est rare de compter parmi ceux qu'il éblouit entre les quatre murs revêtus de liége de sa chambre de malade. Il vient de peindre une *miniature géante*, pleine de mirages, de figures, de jardins superposés, de jeux entre l'espace et le temps, de larges touches fraiches à la Manet. Combray et les phénomènes confus de l'enfance, l'aventure hagarde, profonde, rétrospective, d'une jalousie parisienne, voilà le thème de cette « ouverture », d'un angle de la toile. *Du côté de chez Swann* ne ressemble à rien que je sache et me rappelle tout ce que j'admire. C'est le cousinage des chefs-d'œuvre. Un chapeau de Mme Swann d'où, seul, un iris monte, habite le cœur comme le bonnet rouge, dans *Copperfield*, que Steerforth agite parmi les vagues. On se promène, un fil solide aux doigts, entre les miroirs multipliés de ce prodigieux labyrinthe à ciel ouvert. Ou s'y captive, on s'y exalte, on y rebrousse chemin, on n'en veut plus sortir.

Excelsior demande un buste ; trouverai-je dans le fragmentaire d'une telle effigie l'excuse à mon insuffisance? — Jean Cocteau.

M. Marcel Proust

Chapter 11

他無法遺忘初戀

Il n'oubliait pas ses premières amours

他說：這麼一來，它們如果壞了得
丟棄，我就不會覺得可惜。

普魯斯特先生講求習慣，厭惡任何改變，儘管歷經了戰爭和搬家，都沒能改變他的習慣。

他只用Sergent-Major牌鋼筆頭，我買了一盒又一盒備用著。他身邊擺著所有需要的物品：屏風旁漂亮的竹製小桌上擺滿書，左手邊則放著一疊手帕。床頭小櫃摺疊門開著，裡面是一疊正在寫作的手稿，手稿前面放著所有寫作需要用到的雜物：一堆筆桿、一兩個墨水瓶、錶。他用的都是很普通的小懷錶，我還記得是我花五法郎，以廉價買來的，他只要這種錶。

他說：「這麼一來，它們如果壞了得丟棄，我就不會覺得可惜。錶要是送修，比買一支新的還貴。」

那個時期似乎瀰漫著一股輕鬆氣息。有一天，普魯斯特先生決定剃掉鬍子，這是他唯一妥協於時尚的動作。但是很弔詭的，他對時尚新趨勢很感興趣，只要出門就觀看研究目前的流行風尚。

我自己很少出門，普魯斯特先生跟我敘述他朋友保羅．莫朗說的一句玩笑話：「馬塞爾派賽萊斯特去叫車，但是她從不見天日，乍見陽光時會盲了眼還走丟了！」

我根本不重視時尚，為了參加一個姪女的婚禮，我才訂做一件漂亮的洋裝，那是例外中的例外。

「我的上帝，您多美呀，賽萊斯特！轉一下身好嗎？賽萊斯特，您酷像英國知名大美女Lady Grey。我以您為豪，親愛的賽萊斯特，您真有品味。」

普魯斯特為我寫了一首詩描寫我。他唸著這首詩，高興地笑得像個孩子。有些時候，他的年輕氣息則像泉水般湧冒出來。這首詩是世上最讓我感動的東西，他把它夾在他的書裡。

內閣爾是位主教，他和我是同鄉。[7]

7 內閣爾（Albert Nègre,1853-1931）是位主教，賽萊斯特是他的遠房侄女。譯註。

GRAND HOTEL, EASTBOURNE, LTD

R. I. BEATTIE, Managing Director

TELEPHONE: EASTBOURNE 1600　TELEGRAMS: GRAND, EASTBOURNE

高挑，纖細，美麗且瘦削，
時而疲憊，時而矯健，
同時吸引王子與盜賊，
對馬塞爾丟出一句尖酸話，
以酸醋回報蜂蜜，
靈性，伶俐，廉潔，
這就是內閣爾的姪女

93
MAXIM'S
3, RUE ROYALE
TÉLÉPHONE
244-92

普魯斯特先生和我之間的氣氛、關係愈來愈輕鬆，他經常在小客廳裡和我聊天，在小客廳裡我是坐著的，不像在房間裡是站著。我們一聊就是好幾個鐘頭，他先跟我描述前一天晚上的見聞，接著提起過往。有一天晚上，他從巴黎美心（Maxim's）餐廳回來，談到他的年輕時期。

「賽萊斯特，我從年輕就踏入這上流社交界，這讓我父親非常不高興。我極其渴望認識世界，晚餐、宴會⋯⋯啊，賽萊斯特，那是我『鈕扣上別朵茶花』的年代。我之所以別朵茶花，是因為茶花沒有香味，否則我無法忍受。賽萊斯特，那時我像個年輕的小天使，深深吸引女士們的興趣，再說，我對她們每一個都有些愛戀，到處留情一般。」

在他建構的這另一個世界裡，他之前所熟悉的那個世界、那些晚宴、那種生活方式逐漸碎裂，慢慢一片片瓦解。我聽著他娓娓訴說，八年之間一天又一天，從沒缺過一天，這比一千零一夜還多得多。

普魯斯特先生說呀說呀……

「那時還有瑪莉・班娜達基（Marie de Benardaky）[8]，不過已是很久以前的事了，我十四、五歲的時候都在香榭里榭大道上跟她一起玩耍。她戴著一頂毛裘無邊女帽，就像個天使，我瘋狂愛戀著她。還有史特勞斯夫人，是位寡婦，再婚嫁給喬治・比才（Georges Bizet），啊賽萊斯特，她多麼美呀！還有勒梅爾夫人（Mme Lemaire），在『美好年代』（Belle Époque）時她在巴黎的沙龍令大家趨之若鶩。我也記得瑪莉・費納利（Marie Finaly），她是我高中同學歐拉斯（Horace）的妹妹，十分富有的銀行世家子弟。她聰明出眾又美麗，眼睛像海一樣藍。我那時二十歲，正在攻讀法律，夏季我們就在卡布爾相聚集，結成小幫派。」

一百年之後，誰還會記得這些日子呢？
但是蓋爾芒特公爵夫人、以及其他人物將
會永遠活在他的書裡。

8 瑪莉・班娜達基（Marie de Benardaky,1874-1949），俄國大使的女兒，是普魯斯特年少年時期瘋狂愛慕的女子。譯註。

他在記憶中翻找初戀的回憶，眼神停滯，我等待著他從內心之旅返回來。事實上，我不認為他真正愛戀過，因為他太過深入到靈魂的底層，連同他自己的靈魂在內。他見識過太多靈魂的各個面向，不讓任何一面隱藏在黑暗中。他什麼都記得一清二楚，所有接觸過的人都多多少少體現在他的書中人物上。他是以這種方式塑造他的書中人物，這裡拾取一點，那裡移植一點，剩下的以想像來補足。就算有人在書中角色識出自己的影子，對他也不造成問題，他描寫人物時下筆可不寬厚，挖掘人性一切動機，顯露人性中的美，也揭示所有荒唐可笑之處。他的評斷尖銳苛刻，因為對他來說最重要的，是尋找真實。

瑪莉・費納利（ Marie Finaly ）　瑪莉・班娜達蒉（ Marie de

ky ）

梅爾夫人（Mme Lemaire）

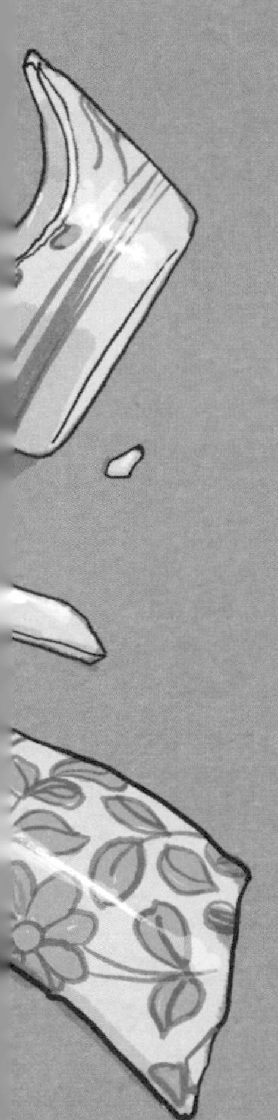

他跟我敘述他所謂的「急躁衝動」。

「賽萊斯特，很久以前，我瘋狂愛戀上一個住在布隆森林（bois de Boulogne）附近的半上流社會交際花。我費了好大功夫，好不容易得到一次約會機會。我對那次會面如此渴望，想要打扮得高貴優雅，我請求媽媽幫我買一條新領帶以及一雙她能找到最好看的鮮奶油色手套。媽媽買了一條漂亮的領帶，但只找到一雙灰色手套！灰色的，賽萊斯特！那天我發了此生最大一次脾氣，竟舉起放在家具上她極為喜歡的一個非常美麗的古董花瓶，往地上砸，瞬間裂成碎片。

賽萊斯特，我那時真急躁衝動啊！媽媽僅僅用世上最平緩的口氣說：『這就像在猶太婚禮上，你砸碎了酒杯，我們的感情只會更緊密。』我不禁躲到房間去，想到對媽媽造成巨大的傷心難過，哭了好幾個鐘頭。這件事當中最好笑的就是，賽萊斯特，當我去赴約的時候，法院執達員和他底下人手已經把她家裡的家具都搬空了！真讓人傻眼！」

「先生，您結識過那麼多美麗的女士⋯⋯像您這樣和善、多情又體貼的人，一定所向披靡，她們不可能不愛您。」

「或許我標準太高⋯⋯或是被寵壞了。再加上，我這種憂鬱、獨處的病態傾向⋯⋯」

「您怎麼不結婚呢，先生？」

「真奇怪，怎麼會是您來跟我說該結婚呢，其實您才是最瞭解我、最認識我的人啊。賽萊斯特，我不是個適合婚姻的人，需要的是平靜。我和我的作品結成了婚，重要的是我這些紙頁。再說，必須有一個能瞭解我的女人，這世上我只認識這麼一個，我能娶的只有您了！」

「唉呀，先生，您又天外飛來 ·筆了！」

「可不是嗎，但是要取代媽媽，您比誰都適合。」

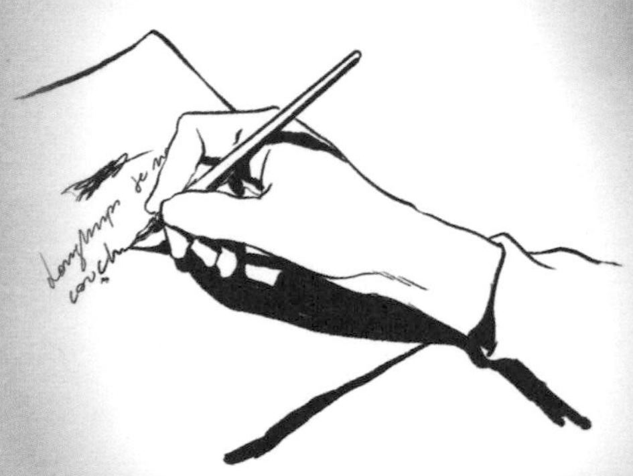

Chapter 12

賽萊斯特，我的進度很不錯

Céleste, j'ai bien travaillé

我在他身旁的時日，想必是他寫作最勤的時候。我剛到職的時候，《斯萬家這邊》剛出版，他繼續《追憶逝水年華》的書寫，正寫著第二卷《在少女們身旁》。工作時最重要的是他無時無刻都要把正在寫的書放在手邊，隨著一本一本愈來愈多，就好像他把所有工具放在伸手就拿得到的地方。

我很快就弄清楚他寫作的五個主要支柱：很早以前就有的筆記、現在手邊的新筆記、資料筆記、以及人們稱之為的「長卷紙條」。

第五個是「記事紙頭」，這個字從未從他自己口中吐出過，但出現在他的書裡。「記事紙頭」是一時靈感乍現時，信手抓張紙頭記下的文字，和印刷上所說的「加在校樣上的紙條」，位置不夠才黏上的增添紙條意思不同。

最初始的出發點是那些以前的筆記，這是建構《追憶似水年華》的核心。這些多年前逐步記下的長篇片段、甚至一整個章節，都是他整部著作的雛型。這些筆記整齊推放一疊在他房間大衣櫃的一個角落，他稱之為「黑色筆記本」，因為它們都包著一層黑色仿皮漆布。那些筆記本很像小學生的厚厚筆記簿，總共有三十二本，上面以白色大字編號，看起來很像用手指沾著油漆或是白色墨水寫的。

「黑色筆記本」已經不存痕跡，在某些寫作階段，他叫我逐步把它們銷毀。今日僅存的是那些資料筆記，以及我稱之為「新筆記」的作品手稿。這些新筆記包覆著厚紙封套，上面又用帆布保護著。隨著筆記本不斷增多，我不時要去豪斯曼大道上的文具店買這些封套。

我盡自己的微薄之力在實際層面上幫助普魯斯特先生。我深感自豪的是幫助他解決添加註釋這個問題。有時候他一鼓作氣寫完一本書，但也有的時候他同時寫作好幾本，隨著當時的靈感跳來跳去。

有一天，他跟我說：

「賽萊斯特，我實在煩死了！紙張四邊的空白處都填滿了，但還有要修改的地方，還有很多要添加的，不知道該怎麼辦。我想添加幾張額外的紙張，但是打字員一定會搞不清楚。該怎麼辦？」

「先生，這沒什麼困難的，您可以拿額外的紙張寫，寫完了我再把它們黏貼到適當的地方。」

他高興的不得了。

「我得救了！」

他的手稿就這樣漸漸增厚。其中有一條像這樣的「長卷紙條」經常在展覽中出現，反覆摺成一疊，一展開來竟然有一百四十公分長！這件添加紙張的原由，也被他寫在書中。

記事紙頭和長卷紙條

補鍋匠

歐狄龍也曾幫助普魯斯特先生的寫作，我記得當他想在書中描寫市井叫賣聲時，曾問我先生：

「阿爾巴雷，跟我說說，您一天到晚在外頭跑，一定熟悉市井的喧囂，流動攤販的叫賣聲，可以去了解一下嗎？」

歐狄龍出去一圈，帶著滿口叫賣聲回來，他開懷大笑，殷殷感謝，開心以極！我先生帶回來的這些叫賣聲都出現在《女囚》（*La Prisonnière*）一書裡。

「溫柔，清新，溫柔又美麗的朝鮮薊啊朝鮮薊」

「啊，濱螺，便宜的濱螺」

「蝸牛，新鮮蝸牛美味無比！六蘇[9]一打」

「羅曼莎拉，羅曼莎拉，不用買純欣賞」

「看看這鯖魚，太太們，新鮮鯖魚」

「鏘鏘鏘，補錫匠來了，破鍋爛蓋都能補⋯⋯」

---

9 蘇（Sou）是法國舊幣值，很早以前的銅板，目前作為「錢」的俗稱。譯註。

若有人傷害了他，他只是
不予理會，如此而已。

剛開始來服侍普魯斯特先生的時候，我並不知道一本書是怎麼製作出來的，別忘了我出身自鄉下。後來，普魯斯特先生說給我聽，我才明白不管是出版或是之後的評論，起頭可不簡單。他告訴我出版人加斯東·伽利瑪（Gaston Gallimard）旗下的《法國文學期刊》（*La Nouvelle Revue Française*）拒絕出版《斯萬家那邊》，因為安德烈·紀德認為普魯斯特先生只是個上流社會紈褲子弟。有一件小事，普魯斯特先生經常跟我提起：紀德甚至沒讀他的手稿，連包裹都沒拆開就原封不動退了回來。包裹的繫繩沒有解開，一眼就可以看出，因為包裹是尼古拉準備的，他做事仔細，是繫繩打結的高手。

普魯斯特運用了人際關係，《斯萬家那邊》交給一位年輕出版人貝爾納·格拉塞（Bernard Grasset）出版，但必須自費。書出版之後引起相當大的迴響，伽利瑪出版社表示後悔，之後便是兩方交涉，書信往來與種種手續，那是普魯斯特先生一生中最開心的時期。至於錢方面嘛……對普魯斯特先生來說，重要的是他的書印刷出版，他堅信一定會獲得成功與榮耀。

「賽萊斯特，您等著看，史湯達爾（Stendhal）花了一百年才成名，普魯斯特呢，用不到五十年。」

「賽萊斯特，您知道嗎，在文學世界裡，我要我的作品像一座大教堂，因此它永遠不會完成。就算建造完成，永遠會這裡那裡添加裝飾，一片窗玻璃、一根圓柱、打開一座小聖堂，角落裡立著一尊小雕像。您等著看，賽萊斯特，在我死後，人們會看我的書，是的，全世界的人都會閱讀我的書。」

他說的沒錯。至於我呢，隨著每個熬夜的夜晚、每個黏貼上的紙頭，他的書我早已一點一滴，在所有人之前就已先見識了。

où celle si petite et prodigieusement haute, creusée en forme de pyramide dans la hauteur d'étage et demi où dès la première seconde j'avais été intoxiqué moralement par l'odeur inconnue de vétiver, convaincu de l'hostilité de la pendule qui bavardait sans arrêter comme si je n'eusse pas été là, et où toute ma pensée incapable de s'assimiler ces bruits et ces parfums nouveaux, s'efforçait en vain pendant des heures de se disloquer, de s'étirer en hauteur pour prendre exactement la forme de la chambre et arriver à remplir jusqu'en haut son prodigieux entonnoir, avait souffert bien des jours cruels jusqu'à ce que l'habitude, aménageuse habile mais trop lente eût changé la couleur des rideaux, fait taire la pendule,

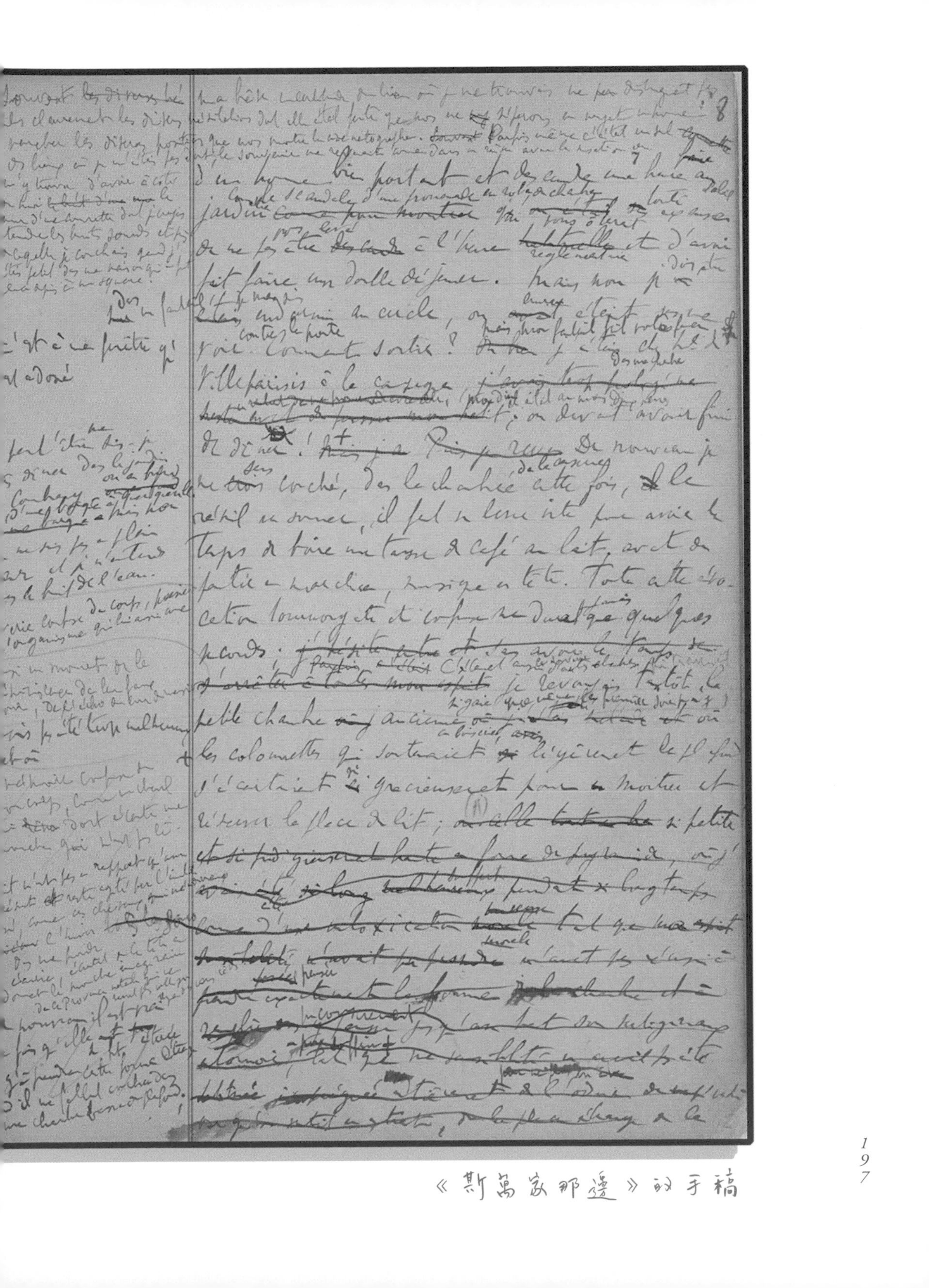

《斯萬家那邊》的手稿

ACADÉMIE
GONCOURT
1903

Paris, 10 décembre

Monsieur et cher confrère

Nous avons le honneur et le plaisir de vous annoncer que vous avez été désigné aujourd'hui pour le Prix Goncourt pour votre livre : A l'ombre des jeunes filles en fleur.

Veuillez recevoir, Monsieur et cher confrère, l'expression de nos sentiments dévoués

Gustave Geffroy
Elémir Bourges
J H Rosny aîné
L. Hennique
Léon Daudet
Henry Céard
Jean Ajalbert
J.-H. Rosny jeune

龔固爾獎

我眼前出現普魯斯特先生在一九一九年以《在少女們身旁》獲得龔固爾獎的情景。那是十二月十一日晚上，有人按門鈴，樓梯間一個男人跟我說他是加斯東・伽利瑪，他身旁還有兩名訪客：雅克・里維埃（Jacques Rivière）和古斯塔夫・特隆許（Gustave Tronche）[10]。伽利瑪對我說：

「您想必已知道普魯斯特先生得到龔固爾獎了？」

我哪會知道呢？我們根本與世隔絕。當我把這個大消息告訴普魯斯特先生時，他好整以暇地躺在床上，看著我，僅說了「啊？」，就好像這是世界上最無關緊要的一件事——但是我知道他內心裡是相當高興的。

事實上，他非常以這個獎和得到的祝賀自豪。

---

10 雅克・里維埃（Jacques Rivière）和古斯塔夫・特隆許（Gustave Tronche）兩位是當時法國文壇的知名作家。譯註。

安德烈．紀德（André Gide）

我完全沉浸其中
徜徉在作品裡

我愈來愈介入他的工作，和伽利瑪出版社的聯繫都是由我負責。當然我對書的進度聊若指掌：只要普魯斯特先生突然興起要安排和某人或某人見面，我就知道章節進行到哪裡了。同時，由他取消訪客、出門、寫信的方式，我就知道「啊，他已經寫完了那些頁數。」因此，伽利瑪出版社的秘書勒瑪以耶女士都以我為聯絡窗口。天啊，有多少次她前來按門鈴要求我轉達訊息！他卻從不露面見她。我現在耳朵裡還縈繞著勒瑪以耶女士的聲音，要這樣做、不要這樣做、標點符號、校稿……之後，還有和他們之間技術性的討論，有關印刷的細節問題。當然，所有來訪的訊息我都如實地傳達給普魯斯特先生知道。

加斯東・伽利瑪

（ Gaston Gallimard ）

Chapter 13

最後的修潤

Ultimes retouches

他指着自己的雙眼和額頭，對我說，一切都記在這裡。如果沒有記憶的話……

他休息的時候，就思考作品還缺了什麼、該如何取得，只要思考成熟了，那就一刻也等不得。必須立刻打電話到麗池大飯店訂一間私人包廂，一旦宴請客人名單列好了，就得立刻把邀請函送至賓客手中。令人訝異的是，與其抱歉不克前來，眾人都會更動本來的計畫前來應約。今日我眼前還浮現他的樣子，正準備出門，穿著大衣，帽子下的眼睛和臉上的微笑，滿心歡喜希望度過一個「愉快的夜晚」。回來時他也許心滿意足，或是正好相反，滿身疲倦地懊惱浪費了這麼多時間，他出門見客似乎單單只為了他的書，並非出去晃晃，總是懷著一個準確的目的——窺伺一個細節、尋找書中人物的元素。

有的時候，他想要獲得我稱之為書中「人物原型」的某個資訊，有一次他要我緊急給露易絲．莫洪（Louise de Morand）[11]捎去一個訊息，是當天晚餐的邀約，更準確地說是當夜的進餐邀約，當我一說是普魯斯特先生派我來的，她喊道：「喔，馬塞爾，馬塞爾！我多麼開心，快把邀約函給我吧！」她喜出望外，放下一切跑去普魯斯特先生家，但是據我所知，他之後再也沒跟她見面了。

11 露易絲．莫洪（Louise de Morand, 1884-1963），二十世紀上半期法國知名電影明星。譯註。

最後那兩年，普魯斯特先生只有在特殊時候才會參加上流社會雲集的交際活動，那些大型晚宴、盛大舞會、或是巴黎歌劇院的超級晚會，他只是為了手上的作品而去。有一天，普魯斯特先生因為記不清楚舍維尼伯爵夫人（la comtesse de Chevigné）很久之前曾戴的一頂帽子而焦躁不已，據他說是一頂裝飾著小瓣紫羅蘭，艷麗無比的無邊軟帽，帽子上嵌著矢車菊和虞美人花。普魯斯特先生希望她還保存著這頂帽子……他跑去拜訪她，卻一臉氣餒地回來。

「舍維尼夫人以前是個高冷的美女，今天再見到，已是個灰髮老太太了，她聲音沙啞，扁縮著嘴，坐在孫女旁邊一張長椅上織毛線。她對我說：

『那頂帽子？喔，馬塞爾，那麼多年前的東西，我怎會留著？』」

舍維尼伯爵夫人（La comtesse de Chevigné）

我還記得，我們公寓的正對面是一位女士的豪宅，我注意到她家餐廳裡舉辦的豪奢晚宴，告訴普魯斯特先生，他跑過來一看：「啊，是斯坦迪什夫人（Mme Standish），她是威爾斯親王（prince de Galles）的紅粉知己！」他要我窺視她家餐桌是怎麼擺設、餐桌服務如何、女主人穿什麼服裝。有兩、三次他跑來窗邊瞄一瞄實際景象，我在他眼神裡注意到，他感興趣的是用餐服務的流暢度以及餐桌擺設，燭台餐盤、主人賓客的交流，還有那位老式作風的女主人的姿態。一瞬間這些全錄製到他腦袋裡了。

普魯斯特先生觀察能力多麼超凡！他對我說：

「賽萊斯特，生命的真實端在觀察與記憶，否則只是虛度。我運用全部的觀察力和所有的記憶塑造我的書中人物，就是希望他們是真實的。要成為真實的人物，他們必須是完整的，這也是為什麼我注重他們每一個穿的衣服、梳的髮型，這都是由我依生活中遇到的人所記下，並汲取於回憶的。」

有一天，普魯斯特先生對我說：「賽萊斯特，我想揮霍最後一次。我想再次聆聽凱薩・弗蘭克（César Franck）[12]的四重奏，我曾在一八九〇年間聽過的曲子……賽萊斯特，我下了決心想請求普

12 凱薩・弗蘭克（César Franck,1822-1890），法國作曲家。譯註。

普雷四重奏（Le Quatuor Poulet）

雷先生帶著樂團來家裡演奏。這是一大筆花費，賽萊斯特，但是不管了，多麼麻煩！多麼勞累！但必須要做，我需要聽這個。」

他沒說的是：我需要聽這個，是為了我的書。這根本無需多言，是為了書中作曲家凡德伊（Vinteuil）這個人物。音樂家們凌晨一點鐘到來，歐狄龍開計程車去接他們，我把家裡所有的門都關上，待在進門玄關等候普魯斯特先生需要時召喚。

「啊，賽萊斯特，一旦我在書上寫上『完結』這兩個字的時候，我就要出發去旅行。我要和妳一起去看亞眠大教堂（Amiens）的天使塑像，還有沙爾特大教堂（Chartres）……我們一起去法國南部……去威尼斯……我們去好好休息，對，去度假。我們倆都非常需要假期，因為您也是，您也很累了。親愛的賽萊斯特，守著一個病人，晨昏顛倒，這麼多年來，您一定很不幸？」

「才不會呢，先生，胡說些什麼。」

我一點都不在乎晨昏顛倒。

我工作時帶著某種輕快，就像一隻鳥飛翔在樹枝之間。他回到家來的時候，就像晨曦帶來了喜悅。他比我還清楚這個生活對我來說代表何等意義。這很難用字眼解釋，是因為他的魅力、他的微笑、他兩隻手捧著自己的兩頰說話的方式。他就像一首歌曲，他的生命停止的時候，對我來說生命也停止了。但是歌曲會繼續延續著。

Chapter 14

賽萊斯特，
我在書稿上寫了「完結」

Céleste, j'ai mis le mot fin

我記得他叫我燒毀黑色筆記本的時候，那時他應該感受到最後的結束到來了。之後我和安德烈．莫洛亞（André Maurois）[13]說起燒毀筆記本的事，他不停說：「太可惜了！太可惜了！」

「賽萊斯特，我那些筆記本，您會把它們燒毀吧？」

「先生，如果您這麼不放心，為什麼交代我呢？只要您說了，我一定照辦。若您擔心，何不親自動手呢？」

「好啦，賽萊斯特，別生氣，我是開玩笑，我很清楚您

13 安德烈．莫洛亞（André Maurois,1885-1967），法國小說家、傳記作者。譯註。

會燒毀它們的。」

「先生，您無所不知，您可相信人死後還能相見？」

「我不知道，賽萊斯特。賽萊斯特，麻煩把我那小串念珠拿來好嗎？您看，這十字架上刻著耶路撒冷，我多想去耶路撒冷朝聖啊！不過我有這串心愛的念珠，您知道嗎，將來有一天您要幫我闔上眼睛，是的是的，是您美麗的手幫我闔上眼睛……當您這麼做了之後，我要求您把這串念珠纏繞在我指間，答應我您會這麼做，賽萊斯特。」

精巧細緻，他本身就是。當他不確定掌握到所有細節時，就無法滿意。

他愈來愈少接待朋友，也幾乎不再出門。一九二一年，這一整年他極少數出門的一次，是春季時到「網球場美術館」（Jeu de Paume）參觀一場荷蘭畫作特展，特別是為了重溫他所愛的維梅爾（Vermeer）的作品，他無論如何都要看到「台夫特風光」（La Vue de Delft）這幅畫，天知道他反覆評論了多少次這幅畫。畫上有一小塊黃色的牆，因為他在書中提及，而引人津津樂道。他傍晚時看完展覽回家，疲憊不堪，看展當中就已感到頭暈目眩，但疲憊並未阻撓那晚他和我聊到很晚，談到他站在維梅爾畫作前興奮與喜悅的感受，我看著、聽著面前這個充滿年輕氣息的他。

「啊，賽萊斯特，您無法想像他作品的精巧細緻！最微小的一粒色澤！這裡小小一抹粉紅，那裡微微一撇綠，一切如此精心構想！我也要修改、再修改、添加色澤……」

一九二二年——也就是他生前最後一年，我記得他只出門過幾次。有一天晚上他本來預計要出去，但整個人極度疲累，他走進客廳，背上披著皮裘大衣，跌坐在扶手椅上。我從未見過他臉上流露出如此的悲傷，我姊姊瑪麗、歐狄龍、和我三個人都不知該如何是好。

「先生，您都不吃飯，難怪會疲憊到這個程度。我去買一隻嫩雞，讓賽萊斯特料理給您吃，您覺得如何？」

「對啦，歐狄龍，您說的有理，去買隻雞，但你們吃吧，我要你們好好照顧身體……我如此愛你們……你們是我的孩子，賽萊斯特、瑪麗、和您……歐狄龍，我本想出門赴宴，看看大家是如何老去的，但我想現在沒法出去了。」

他生命最後的幾個星期，像是走入一道漫長的隧道，一整條光線黯淡的黑暗中，只靠一盞小燈的光照著。

你們是我的孩子。

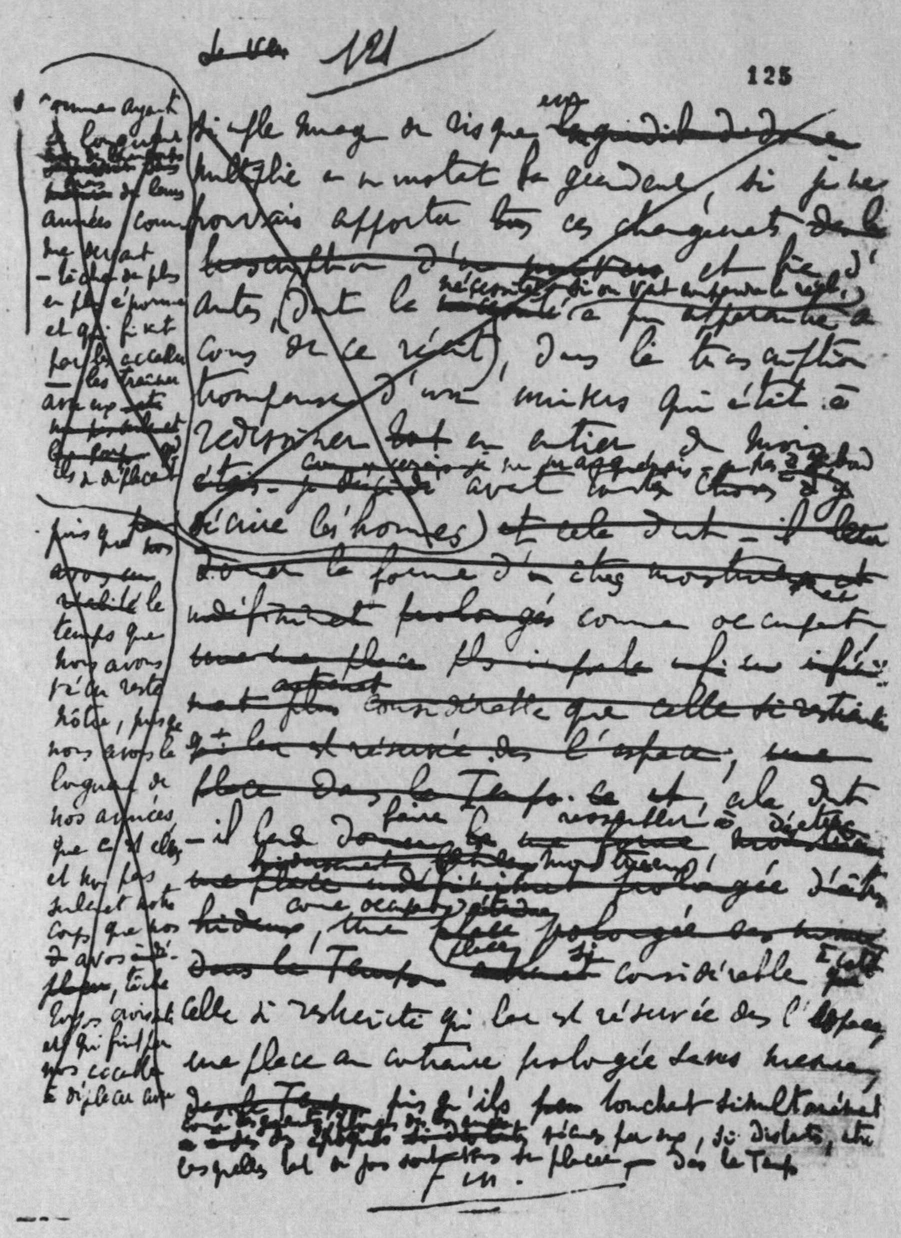

最後一頁。

剛開始只是個小流行性感冒，再加上一九二二年秋天他從波蒙伯爵夫婦家晚宴回來時受了風寒。事實上，他每天臥在床上動也不動寫作好幾個鐘頭，只靠著毛衣和他的「圓球」幫助虛弱的身軀抵禦寒冷。

普魯斯特先生請來比澤醫生。

「大師，我身為醫生，可以保證這感冒無傷大雅。倘若您肯接受我建議的治療方式，八天之內便可痊癒。您才五十一歲，很快就可以痊癒。我知道您無法忍受中央暖氣，因為空氣會太乾燥，但是您房間就像個冰櫃，必須保暖才行啊。」

「親愛的醫生，我必須、我想要繼續修改原稿，伽利瑪出版社正等著呢。必須如此，必須如此，我稿子還沒結束，然而死亡催促著我，緊跟著我。我們所有人都承受死亡，當它來臨的時候，我們知道它來了。但是我必須趕快完成，若是我無法抵達終點，那我這一生、所有的犧牲都成為泡影！」

那是特別的一天，到底是哪一天來著？唉呀……普魯斯特先生說得有理，我真該寫日記才對。

那一天，我立刻察覺他起床時沒做煙熏治療。平日只要他傳喚我，我早預先知道他要的是什麼，但那天不然。

「早，賽萊斯特，您可知道，昨夜裡發生了一件大事……」

「什麼事呢，先生？」

「猜猜看。」

他很高興，一臉快樂、青春的模樣。

「先生，我真的不知道會是什麼事。」

「這是個大消息，我親愛的賽萊斯特，昨夜我寫下了『完結』這個字。我的作品可以出版了！現在我可以死了。」

「喔，先生，別這麼說。依我對您的認識，恐怕我們還要黏貼很多小紙頭，增添很多修改呢。」

羅貝爾·普魯斯特（Robert Proust）

比澤醫生來看診多次，普魯斯特先生依舊不肯乖乖就醫，最後普魯斯特先生的弟弟羅貝爾·普魯斯特醫生親自前來。

「我親愛的小馬塞爾，你一定得接受治療。」

「怎麼？你要強制我嗎？」

「我想讓你脫離這個冰冷的房間。附近有一家很優質的診所，暖氣供應，管理良好，有很棒的醫生，你會有專門護理人員悉心照料，三兩下你就會痊癒了。」

「我不需要你的護理人員，只有賽萊斯特了解我，我只要賽萊斯特。」

「我們會讓賽萊斯特照顧你，我的小哥哥，她不會離開你的。」

「你走吧，我不想再看到你。若你是來強迫我任何事的話，我禁止你來我這裡。」

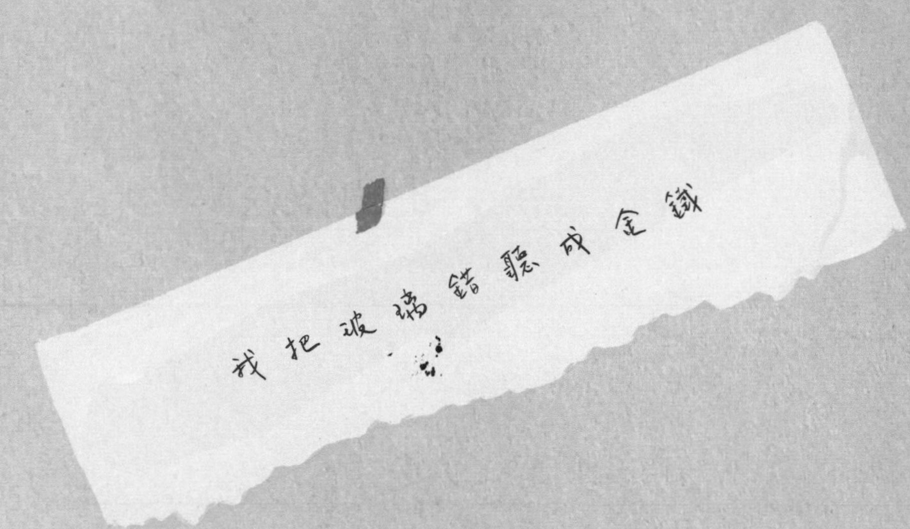
我把玻璃錯聽成金鐵

他已經心力交瘁，連話都盡量不說。我待在他身旁，窺看著他最微小的手勢或眼神，預先猜想他要的是什麼。他也用小紙條和我溝通，我已如此習慣，他甚至不需要把紙條遞給我，在他寫的時候我就看懂了。我如此熟悉他潦草凌亂的筆跡，他一邊寫，我人在他對面就從反面讀出了。

那些小紙條都被我扔了——這麼多年來，若是都留下，可以集成一本書！有時他不耐煩，事情不如他所願的快速，就會在小紙條最後寫著：「……否則我會發大脾氣」，但他邊寫著「發大脾氣」，邊抬起眼對著我微笑。

那個時期，我或許是唯一還妄想他會好起來的人。這並不是因為我拒絕「死亡」這個念頭，而僅僅是這念頭觸及不到我。儘管我心焦地看著他日益消弱，拒絕一切治療和飲食，還是堅信他會痊癒。其實那時他只剩幾天能好好活了。

十一月十七日至十八日的夜裡，午夜時他叫喚我，如同他之前對他弟弟所言，他要我待在他身邊。

「親愛的賽萊斯特，您坐在那兒，扶手椅上，我們倆要一起工作。」

他說：

「我若撐過今夜，就是向那些醫生證實我比他們更強。但是得撐過去才行，您覺得我做得到嗎？」

他口述、我聽寫，直到清晨快兩點鐘。這一刻他對我說：

「我太累了，我們停下吧，賽萊斯特。但您留在那裡，別忘了要把這些紙條貼在該貼的地方，千萬別忘了，這很重要。」

「放心吧，先生。現在您休息吧，要喝點什麼熱的東西嗎？」

他帶著充滿感情的眼神——這種眼神我從未在另外一個人身上看到過——對我說：

「謝謝，我親愛的賽萊斯特，我知道您人很好，但不必如此……不必如此……」

在天亮之前，他跟我重複了這句話不下二十次。

「別關燈，賽萊斯特，房間裡有個巨大的女人……一個全身黑衣的巨大女人，好恐怖……我要看個清楚……」

「等等，先生，毋須擔心，我會一股腦把這個壞女人趕走！她嚇到您了？」

「嗯，有一點，但不要碰她……您不會關燈吧？」

「先生，您很清楚，若非應您要求，我絕不會隨意開關您的燈。」

次日，普魯斯特的醫生握著我的手，對我說 ：

「女士，我很清楚您對他所有的付出。請鼓起勇氣。」

為了讓普魯斯特先生舒緩一些，他施行拔罐療法。

「要讓你勞累了，我親愛的小馬塞爾……」

「喔，好的，我親愛的羅貝爾……」

拔罐沒有成效，根本吸不住。普魯斯特醫生加了些氧氣幫助呼吸。

「感覺好些了嗎，我的小馬塞爾？」

「是的，羅貝爾。」

房間裡只有我們兩個，普魯斯特醫生和我。普魯斯特先生眼睛直盯著我們，真令人難以忍受。突然間，醫生走上前，緩緩傾身，闔上他哥哥一直看著我們的雙眼。我說：

「他死了？」

「是的，賽萊斯特，一切都結束了。」

我看著他，心裡哀求著：「上帝啊，讓他跟我說點什麼吧。」

之後，相識友人皆魚貫而來。我記得有作曲家雷納爾多・漢恩、作家雷翁・都德（Léon Daudet）、諾靄耶伯爵夫人（la comtesse de Noailles）、保羅・莫朗……我已經累得快倒下，從他孱弱的身體病情加劇以來，我就再也沒閉上眼睛。普魯斯特先生很喜歡的畫家艾勒（Helleu）前來雕刻了一幅他的版畫，後來印製了兩張，羅貝爾・普魯斯特先生給了我一張。大素描畫家杜拿耶・賽貢札克（Dunoyer de Segonzac）則來臨摹了一張炭筆畫。再之後攝影師曼雷（Man Ray）也來了。就是這些人了。

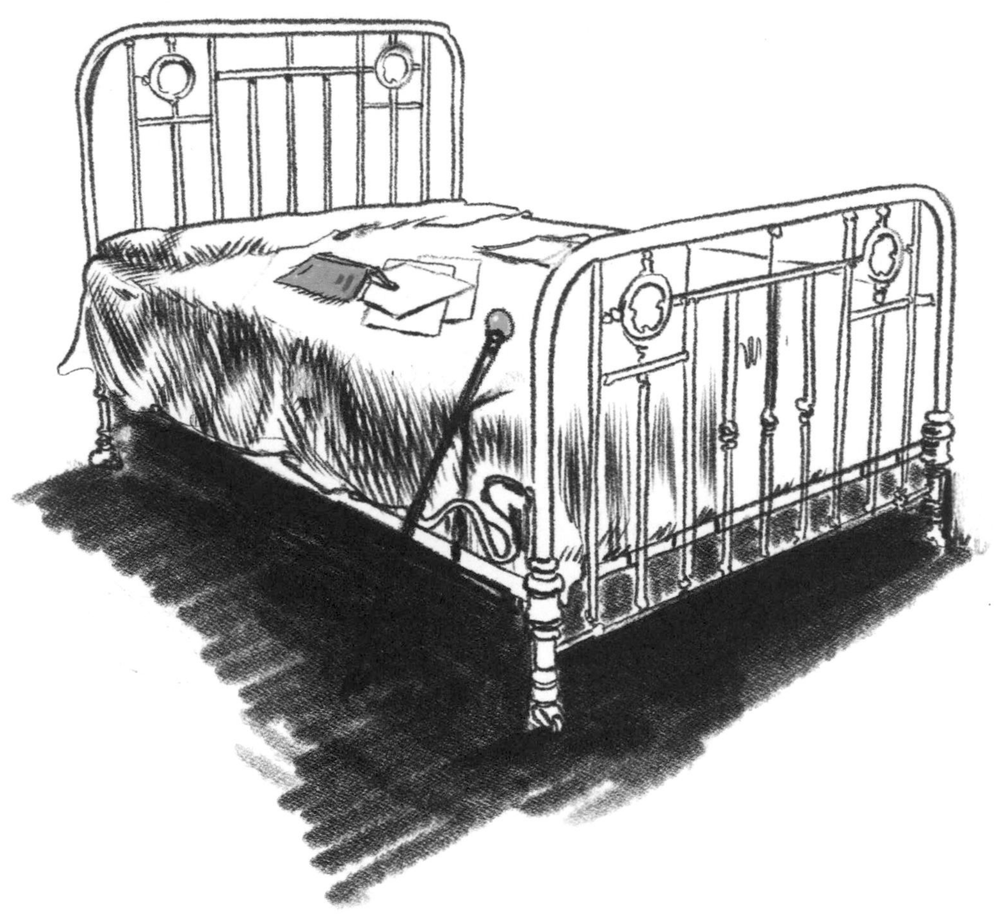

他於一九二二年十一月二十二日星期三安葬於拉榭思神父墓園（Père-Lachaise）。葬禮那天，普魯斯特醫生開車載我過去。

「您站在家屬這一區，賽萊斯特，因為沒有人比您更親近他。」

我訂製的小十字花圈放在他棺木的中央。

女詩人諾靄耶伯爵夫人啜泣著擁抱我：

「親愛的賽萊斯特……喔！您對他來說是多麼……我知道的！」

我像一具行屍走肉，不想離開普魯斯特先生。接下來，他過世幾個星期之後，我一心只想隨他一起死去，我再無法承受自己。

TESSA
GUS

然後，發生了這麼一件奇妙的事⋯⋯我走到公寓樓下，突然看見阿姆蘭街上距離公寓不遠的書店櫥窗處。櫥窗上閃耀著陽光，裡面陳列著普魯斯特先生出版的作品，一列三本⋯⋯再一次，我回想起他書中的一頁，驚詫、讚賞著他對自己的預感和篤定，因為在他死前不久，普魯斯特先生寫了關於死亡——或者說關於重生的一頁文字⋯⋯這是他所寫的：「作家貝戈特[14]，就這麼死去了嗎？誰能知道呢？貝戈特並沒死的想法並非無稽，大家安葬了他，但在葬禮一整夜，點亮著燈的櫥窗上，他的書一列三本，就像張開羽翼的天使守候著他，似乎是死者重生的象徵。」

14 貝戈特（Bergotte）是普魯斯特的書中人物，是位受敘述者欽佩的作家。譯註。

Chapter 15

我還能說什麼呢？

Que puis-je dire d’autre？

歐狄龍和我留在阿姆蘭街的公寓直到一九二三年四月，完成整理的工作。我幫忙整理手稿和紙張，面對一堆「劃掉塗去組」和「累積增添組」，這些字眼讓普魯斯特先生失笑，大有可能把這些字眼寫進書裡。我也按照他的話，把最後幾張紙頭黏貼到《女囚》校稿上。

之後呢，人總是得從過去抽身出來。一九二四年，歐狄龍在巴黎聖蘇比教堂（Saint-Sulpice）那區買了一間旅館，就在卡內街（rue Canettes）上。再後來，我們賣掉旅館，負責管理位於巴黎近郊蒙福爾拉莫里（Montfort-l'Amaury）的作曲家拉威爾紀念館（musée Ravel）。我曾經在這麼美妙的世界裡生活過，在世界上獨一無二的人身邊，已經無法再回到平凡的生活，甚至正常的生活起居時間都成為問題，我就像一隻夜裡的鳥，突然之間必須活在大白天的光線之下，只好不斷隱身於那些美妙夜晚的回憶之中。

十年的時間，其實並不算長，但因為是普魯斯特先生，在他家和他一起生活的這十年，對我而言是一整個生命。我感謝命運給了我這個好運，這是意想不到的美好歲月。我是他的信差、他的褓姆、他的心腹、他的守護者、他的管家、他的護士、他的助理……實際上，我沒有任何頭銜，我就是……賽萊斯特。

我喜歡、承受、感懷在他身邊的每一天。和他在一起、聽他說話、和他說話、看著他寫作、盡我所能幫他，對我來說就像徜徉在一個泉水不斷四處湧冒而出的田野。他在我心中存下的影像是最美的，這影像永遠如此燦爛。他是凡人中的王子，思想的王子。在塵世中如此強勁的一個人，不可能不存於死後，我相信他就算已不在人世，依然和我在一起。

他從未棄我於不顧，每當我遇到困難，就會回想起他的忠告，事情就好解決得多。發生在我身上的好事，我都認為是他帶給我的，因為他一心希望我好。

我，賽萊斯特．阿爾巴雷，連小學結業證書都沒有，以微薄之力參與他這部書所呈現巨大的努力成果，還獲得了最高等的「藝術與文學司令勳章」（commandeur des Arts et des Lettres），說要表揚我「對法國文學史上的貢獻」。這是最美的一枚獎章，比所有公爵夫人的項鍊都還要美。普魯斯特先生該多麼以我為榮……

歐狄龍和我有個女兒，叫做歐蒂兒，她是這世上唯一能讓我去摘下月亮給她的人，就如同普魯斯特先生要求的話，我也會去摘下月亮給他。歐狄龍於一九六〇年過世。我自從退休之後，每年夏天都回歐希拉克村子、以前的父母家住。

「媽媽，喝下午茶的時間囉。」

「謝謝，歐蒂兒。妳看，多美啊！妳聽到鳥兒們在唱歌嗎？」

感謝

蘇菲・百勒蒙（Sophie Belmont）、

奧利維・魯賓斯坦（Olivier Rubistein）

——若不是他，這本書不會存在。

夏洛特・普列瑪（Charlotte de Prémare）

——興起這本書的構想。

古斯達夫・皮耶赫薩斯先生（Gustave de Prieuré de Saxe）

以及Marlow《10》Mitchell的協助

「對某些影像的回憶，

只是對某個瞬間消逝的遺憾。」

——馬塞爾·普魯斯特

推薦文

謝謝您，親愛的賽萊斯特！

陳太乙（《追憶逝水年華》十年經典計畫法語譯者）

某種程度上，就像經過豪斯曼改造過的巴黎，我們現在所知的普魯斯特形象，有很大一部分是由賽萊斯特的口述建立起來的。一九六二年，普魯斯特逝世四十年，法國電視台製作了紀錄片《馬塞爾・普魯斯特，側寫——回憶》（Marcel Proust, Portrait-Souvenir），邀請作家的多位舊識來講述他們記憶中的馬塞爾，包括諾貝爾文學獎得主莫里亞克（François Mauriac）、藝術鬼才考克多（Jean Cocteau）、外交官保羅・莫朗（Paul Morand）、首位為普魯斯特寫傳記的作家莫洛瓦（André Maurois）等等。他們侃侃而談，分析普魯斯特的才華，說他的古怪難搞，他的神秘，他的與眾不同和格格不入。然而節目播出之後，得到最多迴響的，卻是女管家賽萊斯特的感人分享。後來，一九七二年，根據記者喬治・貝勒蒙與賽萊斯特一份長達四十八小時的訪談錄音，Robert Laffont出版社出版了《普魯斯特先生》。

這是只有賽萊斯特才看得見的普魯斯特。原來，他在生活上雖有各種瑣碎麻煩的要求，但講情講理，以禮相待，反而令為他服務的人們因得到尊重而深受感動。原來，普魯斯特不是只與上流人士通信，也會在司機結婚時給他發送祝賀電報，不是只和其他大作家交換文學意見，亦會「像牽一個小女孩的手一般」將賽萊斯特帶到卡布爾旅館的圓窗邊，觀看「落日之下的海水像著了火，閃閃發光」，並用迷醉的音調說他覺得這樣的光線多麼美。

身為《追憶逝水年華》的譯者和忠實讀者，我在賽萊斯特提供的軼事中讀到好些線索，令我即刻想起書中對應的段落。例如普魯斯特講究咖啡的溫度，而在〈貢布雷〉中，他這樣形容法蘭索瓦絲：「當媽媽要杯熱水或黑咖啡時，姨媽的所有女僕當中，唯有她會真的熱騰騰地端上來。」而法蘭索瓦絲與尤拉莉的暗地較勁，多少也是貼身女僕賽琳娜和初到普魯斯特家時的賽萊斯特之間的寫照。此外，普魯斯特手稿中多有賽萊斯特聽寫的字跡，以及最為人嘖嘖稱奇的，接龍一般黏貼在原稿上的「紙捲」，處處顯示這位女管家實際參與主人工作的成果，而這樣一位得力助手正是《追憶》中斯萬和敘事者夢想的伴侶。當然，別忘了小說中終日臥床，足不出戶，但熱愛觀察小鎮生活的雷歐妮姨媽，她種種彆扭的心境，想必反映了普魯斯特在病榻上某些時刻的心聲…… 這許多細節令我更深刻意識到普魯斯特如何將生命與寫作緊密結合在一起。

是的，《追憶逝水年華》就是普魯斯特的生命。依賽萊斯特的說法，最後那幾年，他晨昏顛倒，就是為了將自己置於時間之外。她伴隨主人在那個結界中奮鬥，見證這部偉大作品的「完成」:「這是個大消息，我親愛的賽萊斯特，昨夜我寫下了『結束』這個字。我的作品可以出版了！現在我可以死了。」也是她，一九二二年十一月十八日，陪普魯斯特完成他的一生。

長年研究普魯斯特的孔帕農教授（Antoine Compagnon）曾說：「從此之後（賽萊斯特上電視後），人們可以經由僕人走的樓梯進入普魯斯特的作品。」（On peut désormais entrer par l'escalier de service dans l'œuvre de Proust.）而今，華文讀者終於也有了這部Robert Laffont為紀念普魯斯特逝世百年而重新整理設計的《普魯斯特先生》。新版加入了精美的插畫，風格現代前衛，線條和用色大膽幽默，跳脫格式，時而寫實時而仿真時而意象、甚至有幾分kuso，穿插在賽萊斯特樸實又饒富情感的描述文字間，發生在上個世紀初的主僕故事一下子跨越了時代，拉近了距離；與其說時光倒流，不如說是他們來到了當今讀者面前，充滿新鮮的臨場感。

賽萊斯特說：「十年的時間，其實並不算長，但因為是普魯斯特先生，在他家和他一起生活的這十年，對我而言是一整個生命。」我心有戚戚。謝謝您，親愛的賽萊斯特，謝謝您如母親又如孩子，悉心守護普魯斯特至最後一刻；謝謝您兼當編輯助理，使《追憶逝水年華》得以順利問世；最想感謝的是，您保有如此深刻的記憶，以真摯又風趣的口吻娓娓道來，現身說法，讓世界知道：親近普魯斯特先生的人可以多麼美好。

推薦文

普魯斯特和他的女僕賽萊斯特

吳錫德 / 淡江大學法文系榮譽教授

賽萊斯特（Céleste Albaret, 1891-1984）原是個識字不多，快樂的鄉下姑娘，嫁給在巴黎當計程(車)司機的先生，一時難以適應生疏的都市生活。那時丈夫經常跑大文豪普魯斯特的包車。她因緣際會做了他的女僕，前後近十年。這十年也是普魯斯特創作最爆發的年代。1922年，普魯斯特過世後，她緘默了近五十年，1973年才同意錄音出版她的回憶（全書約464頁）。那時當然也就洛陽紙貴，人們亦更能貼近這位曠世作家。2022年，普魯斯特百歲冥誕，法國又出版了這本濃縮版，並配上活潑的人物插畫。讓當代的讀者更親近這位廿世紀國際級的大文豪。

賽萊斯特說：「十年的時間，其實並不算長，但因為是普魯斯特先生，在他家和他一起生活的這十年，對我而言是一整個生命。我感謝命運給了我這個好運，這是意想不到的美好歲月。我是他的信差、他的褓姆、他的心腹、他的守護者、他的管家、他的護士、他的助理……實際上，我沒有任何頭銜，我就是……賽萊斯特。」其實，她豈止是普魯斯特的女僕而已。從他隨意戲作寫給她一首韻詩即可看出這位作家是如何器重，甚至依賴她：

高挑，優雅，美麗且清瘦，
時而疲憊，時而矯健，
既能迷倒王子，也能讓底層眾生折服
對我的批評毫不留情面，
要蜂蜜，卻送來酸醋，
靈性，伶俐，廉潔，
真不愧是內格爾主教的姪女！

1921年五月，作家出版了《蓋爾芒家那邊》（《追憶逝水年華》第三冊）及《索多姆和戈德摩》（第四冊），送了賽萊斯特一本合集。在扉頁上他熱情的寫道：

獻給八年來我忠實的朋友賽萊斯特。她與我的思維如此契合，我必須稱她為永遠的摯友。很難想像我對她是素面平生，從她現時的任性，知道她曾是備受寵愛的女孩。必須頒發一枚軍功勳章給賽萊斯特，因為她忍受敵人德軍的空襲及轟炸。獻給同樣忍受我壞脾氣的賽萊斯特，榮譽勳章應歸她所有。/ 她的好友普魯斯特。

賽萊斯特也在回憶中委婉的告訴我們：她可說是作家晚年無

所不談的閨密及知己，是作家母親過世後最依賴的人，更是他的貼身祕書：有時她記錄作家口述的小說情節，提供第一位讀者的看法，甚至發生過爭吵。被引為奇觀的手稿修潤貼紙（最長達140公分），也是出自她的建議。在作家閉門隱居全心創作時，她幾乎就是他對外唯一的窗口。但這一切是要付出代價的。賽萊斯特回顧到：

> 我根本就是一名女囚（按：《追憶逝水年華》第五冊書名即為《女囚》，1923），我是自願做個女囚的。是的，普魯斯特先生，我的的確確就是一名女囚。我從不踏出門，隨時隨地聽候您的差遣。一整夜他都在寫作，或者呼叫我做東做西的……。我抱持著最大程度的歡愉及樂趣與他相處，他的魅力、與他的對話，以及陪伴這位超群卓越的男士。他充實了我的生命。

透過賽萊斯特的回憶，我們很驚奇的獲知幾段秘辛；1913年，四十二歲的普魯斯特送出他的處女作《斯萬家那邊》到法國最大的伽利瑪出版社，被擔任總編輯紀德（André Gide, 1869-1951）退稿。理由是認定普魯斯特只是個追逐風雅，熱衷上流社會的業餘作家。後來紀德也公開承認他這樣以人廢言的態度是錯誤的。事實上，紀德當初是連稿子的包裹都沒拆開，就給人家退稿了！

我們也都知道繼承祖產，家財萬貫的普魯斯特早年揮金如士、夜夜笙歌，經常出入巴黎上流奢華社會的派對，以為他不過是個虛榮的公子哥兒。殊不知，透過賽萊斯特的回憶，我們才知道普魯斯特早已有了寫作計畫，甚至他進出聲色場合也是為了實地觀察。為了具體刻畫書中作曲家凡德伊（Vinteuil）這個人物。他願意花大錢包下一個四重奏樂團，凌晨一點鐘將整個樂團請到家裡演奏。

賽萊斯特是幸運的，她曾兩度被寫進《追憶逝水年華》書裡。她口述四十五小時的錄音帶被永遠保存在法國國家圖書館裡。以她的故事所撰寫的專書及拍攝的電影將繼續傳頌著這段罕有的主僕奇緣。賽萊斯特也是絕妙的，如果普魯斯特沒遇見她，他有可能完成這部文學鉅構？那麼賽萊斯特肯定是上天派來的使者？她的名字之意不就是「屬於天上的」，也就是「只因天上有」！總之，賽萊斯特真的太幸運了，她活到九十二歲高齡，並獲得法國政府頒贈藝文最高榮譽勳章，表彰她對文化的貢獻。要知道，這在法國可是終身榮譽，是可以刻在墓碑上的。

國家圖書館出版品預行編目(CIP)資料

普魯斯特先生：貼身女管家的口述回憶,法國文豪普魯斯特逝世百年經典插畫紀念版/賽萊斯特・阿爾巴雷(Céleste Albaret)著；史戴凡・馬內(Stéphane Manel)繪圖；柯琳娜・梅耶(Corinne Maier)編整；嚴慧瑩譯. -- 初版. -- 新北市：遠足文化事業股份有限公司菓子文化出版：遠足文化事業股份有限公司發行, 2023.04
面；　公分. -- (Suchen)
譯自：Monsieur Proust
ISBN 978-626-96396-6-3(平裝)

1.CST: 普魯斯特(Proust, Marcel, 1871-1922.) 2.CST: 阿爾巴雷(Albaret, Céleste.) 3.CST: 傳記 4.CST: 法國

784.28　　112001685

菓子
Götz Books

・Suchen

普魯斯特先生

貼身女管家的口述回憶

〔法國文豪普魯斯特逝世百年・經典插畫紀念版〕

Monsieur Proust

作　　者　賽萊斯特・阿爾巴雷 (Céleste Albaret)
繪　　者　史戴凡・馬內 (Stéphane Manel)
編　　整　柯琳娜・梅耶（Corinne Maier）
譯　　者　嚴慧瑩
主　　編　邱靖絨
校　　對　楊蕙苓
排　　版　菩薩蠻電腦科技有限公司
封面設計　萬勝安

社　　長　郭重興
發 行 人　曾大福
出　　版　遠足文化事業股份有限公司　菓子文化
發　　行　遠足文化事業股份有限公司
地　　址　231 新北市新店區民權路 108 之 2 號 9 樓
電　　話　02-22181417
傳　　真　02-22181009
E m a i l　service@bookrep.com.tw
郵撥帳號　19504465 遠足文化事業股份有限公司
客服專線　0800221029
印　　刷　凱林彩印股份有限公司
定　　價　660 元
初　　版　2023 年 4 月
法律顧問　華陽國際專利商標事務所　蘇文生律師

歡迎團體訂購，另有優惠，請洽業務部 (02)22181-1417 分機 1124、1135